unleash
your professional driver

In dieser Reihe erscheinen Bücher zum Thema

unleashed

Mit dem permanenten Fokus auf Handlungsfähigkeit von Polizeidienstkräften sind die Inhalte der unleashed-Reihe asymmetrische Kommunikation, Einsatzfahrten, die Anwendung körperlicher Gewalt, Wahrnehmung und Berufszufriedenheit.

Der Autor: Sascha Boden-Bogdán, Jahrgang 1977, Polizeihauptkommissar, psychologischer Berater und Experte für asymmetrische Kommunikation. zweifacher Vater, zweite Ehe. Eintritt in den Polizeidienst in NRW 1997 (Duisburg, Essen, Bonn), seit 2018 im operativen Dienst in Berlin-Kreuzberg.

Der Autor beschreibt nach dem aktuellen Stand der Forschung von

- Kommunikation
- Meta-Kommunikation
- Psychologie
- Persönlichkeitsentwicklung

die für Polizei und andere operative Einheiten relevanten Elemente und kreiert ein maßgeschneidertes Handwerkszeug, an realen Beispielen erläutert mit über einem viertel Jahrhundert eigener Einsatzerfahrung auf der Straße.

Der besondere Fokus der **unleashed-Reihe** liegt darauf, praxisnahe Handlungsanleitungen und tiefgehende Erläuterungen zu den psychologischen Herausforderungen bereitzustellen, mit denen Polizeidienstkräfte im operativen Einsatz konfrontiert sind. Dabei wird speziell auf zeitkritische Situationen eingegangen, die oft von Informationsmangel und hoher Entscheidungsdynamik geprägt sind. Ziel ist es, Polizisten effektive Strategien und ein besseres Verständnis für die psychologischen Mechanismen an die Hand zu geben, um auch unter Druck verantwortungsvoll und souverän handeln zu können.

Sascha Boden-Bogdán

HOCHGESCHWINDIGKEITSVERFOLGUNG

- unleash your professional driver -

Bibliografische Information der Deutschen Nationalbibliothek: Die Deutsche Nationalbibliothek verzeichnet diese Publikation in der Deutschen Nationalbibliografie; detaillierte bibliografische Daten sind im Internet über dnb.dnb.de abrufbar.

Die automatisierte Analyse des Werkes, um daraus Informationen insbesondere über Muster, Trends und Korrelationen gemäß §44b UrhG („Text und Data Mining") zu gewinnen, ist untersagt.

Verlag: BoD · Books on Demand GmbH, In de Tarpen 42,

22848 Norderstedt, bod@bod.de

Druck: Libri Plureos GmbH, Friedensallee 273, 22763 Hamburg

ISBN: 978-3-7597-6118-7

Für alle, die sich dem anspruchsvollen Spannungsfeld

vielfältiger Verantwortung

sowie mentaler und emotionaler Herausforderungen stellen.

Vorwort

Warum ein Buch voller Geschichten und kein Sachbuch? Ganz einfach: Ich wollte ein Werk schaffen, das packend und mitreißend ist – ein Buch, in dem sich Polizistinnen und Polizisten wiederfinden können. Es sollte ihre Erfahrungen, Sorgen und Überlegungen spiegeln, ihnen einen emotionalen Zugang bieten und zeigen, was Sonderwegerechtsfahrten und Verfolgungsfahrten wirklich bedeuten. Denn sie sind weit mehr als Technik und Regeln: Sie sind Adrenalin pur, ein Balanceakt zwischen Verantwortung und Risiko und die ständige Herausforderung, in Sekundenbruchteilen die richtige Entscheidung zu treffen.

Die Geschichte und ihre 21 Rückblenden basieren auf meinen eigenen Einsätzen. Sie bringen den Lesenden authentisch und hautnah die Realität des Polizeialltags näher – zusammen mit den wertvollen Lektionen, die ich selbst daraus gezogen habe.

Eine gewöhnliche Teilnahme am Straßenverkehr hat nichts mit den komplexen Anforderungen einer polizeilichen Einsatzfahrt zu tun. Während sich der Alltag eines Autofahrers vor allem durch Routine und vorausschauendes Fahren auszeichnet, bewegen sich Polizeifahrer in einem Spannungsfeld: Sie sind konfrontiert mit vielfältigen Stressoren, tragen höchste Verantwortung und müssen dennoch blitzschnell reagieren – immer auf der Suche nach der besten Lösung.

Willkommen in der faszinierenden Welt der Einsatzfahrten der Polizei!

Inhalt

19:50 Uhr
Die Ruhe vor dem Sturm

60 Sekunden bis zum Kick-Down.

Mit Beginn der Nachtschicht schenkte Sven sich einen frischen Kaffee ein. Er hielt die Tasse in der Hand, die seine Frau ihm geschenkt hatte. Auf der Tasse war ein Foto von beiden an ihrer letzten Silvesterfeier abgedruckt, und der Anblick zauberte ihm jedes Mal ein kleines Lächeln ins Gesicht.

Sven setzte sich zu seinen fünf Kollegen in den Aufenthaltsraum. Die jüngeren Kollegen tranken Energy-Drinks und waren allesamt so tief in ihre Smartphones vertieft, dass Sven sich fragte, warum überhaupt jemand den Fernseher eingeschaltet hatte.

Sven trug sein Funkgerät am Gürtel, und so hörte er neben den Stimmen aus der Serie *Die Simpsons* auch den Funkverkehr der Einsatzleitzentrale. Diese meldete eine Verkehrsunfallflucht in der

9

Schinkestraße: Ein geparkter Wagen war beschädigt worden, der Verursacher, ein schwarzer Audi A4, war flüchtig. Der Streifenwagen mit dem Rufnamen „Bonn 14/46" befand sich bereits auf Streife und wurde mit dem Einsatz beauftragt.

50 Sekunden bis zum Kick-Down

Sven nippte an seinem heißen Kaffee, der ihm an diesen kaltnassen Herbsttagen besonders guttat. Seit 28 Jahren fuhr er Streife, und Streife bedeutete Schichtdienst. Die Nächte, in denen er durchschlafen konnte, lagen längst hinter ihm, und das frühe Aufstehen um 4:30 Uhr vor den Frühschichten fiel ihm inzwischen zunehmend schwerer.

Sein Funkgerät knackte erneut – wieder die Leitstelle. Eine weitere Verkehrsunfallflucht wurde gemeldet, diesmal in der Mannesmannallee. Svens wacher Geist begann unwillkürlich, eine Wegzeitberechnung zwischen den beiden Unfallörtlichkeiten anzustellen. Gleichzeitig hörte er die Funkmeldung: Auch hier war ein schwarzer Audi A4 beteiligt, und diesmal wurde sogar das Kennzeichen übermittelt. „Bestimmt ein Betrunkener", mutmaßte Dana, Svens 28-jährige Kollegin, die direkt neben ihm saß.

40 Sekunden bis zum Kick-Down

Svens Haltung strahlte Ruhe aus. Er stand auf, nippte noch einmal an seinem Kaffee und machte sich auf den Weg nach vorne in den Wachbereich. Dort wollte er gemeinsam mit dem Wachdienstführer eine koordinierte Nahbereichsfahndung mit mittlerem Kräfteansatz einleiten.

Doch sein Funkgerät knackte erneut. Die Leitzentrale meldete eine weitere Verkehrsunfallflucht, ebenfalls auf der Mannesmannallee – weniger als 200 Meter von der letzten Unfallstelle entfernt. Der Audi hatte einen vorausfahrenden Motorradfahrer gerammt, der nun verletzt und ohnmächtig auf der Fahrbahn lag.

Plötzlich wurde es im Wachraum laut. Der Wachdienstführer rief mit Nachdruck über das Stentofon in alle Aufenthalts- und Schreibräume: „Unfallflucht gegenwärtig. Person verletzt. Alle rausfahren!" Eddy, heute Nacht Teil der Wachbesatzung, eilte durch die Räumlichkeiten, um den Einsatzauftrag noch einmal persönlich weiterzugeben.

30 Sekunden bis zum Kick-Down

Die ersten Kollegen begannen, ihre Smartphones wegzustecken. Noch immer über belanglose Themen plaudernd, griffen sie nach ihren Schutzwesten, die im Raum verstreut lagen. Sven drehte sein Funkgerät lauter: „Donaustraße 22. Eine weitere Verkehrsunfallflucht. Ein Kollege in Zivil hat versucht, den Audi mit seinem Smart zu stoppen und wurde mehrfach gerammt. Der Kollege ist eingeklemmt und schwer verletzt, Rettungswagen ist unterwegs."

Ohne den Kopf zu bewegen, ließ Sven seinen Blick durch den Raum schweifen und musterte jeden Kollegen genau. „Schwer verletzter Kollege" – das würde hier gleich die Stimmung kippen lassen. Bei solchen Nachrichten brachen bei Polizisten alle Dämme. Ruhig trat Sven aus dem Laufweg seiner Kollegen und stellte seine Kaffeetasse in ein Wandregal, weit weg von der Hektik, in der sie jemand versehentlich hätte umstoßen können.

Plötzlich dröhnte das Stentofon durch den Raum und unterbrach alle Gespräche und Bewegungen: „Kollege verletzt! ALLES RAUS!" Die Worte hallten nach, und das Stentofon vibrierte unter der Lautstärke.

15 Sekunden bis zum Kick-Down

Die Polizisten sprangen von der Couch und den Stühlen auf, stießen dabei gegen die Tische, auf denen die Tassen klirrten. Eine volle Dose Red Bull kippte um, und Danas Stuhl fiel scheppernd zu Boden.

Sven ließ die jungen Kollegen aus dem Aufenthaltsraum hinausstürmen, während sie hektisch versuchten, sich ihre Schutzwesten anzulegen. Im Wachraum herrschte Chaos: Kollegen fragten durcheinander, wohin sie sollten und was genau passiert war. Sven ließ sie hinter sich, ging ruhig nach draußen zum Einsatzfahrzeug und setzte sich ans Steuer des stark motorisierten BMW. Einen Moment lang warf er einen Blick in den dunklen, wolkenverhangenen Himmel, hinter dem sich ein halb verborgener Mond abzeichnete.

Die anderen Polizisten stürmten nun ebenfalls zu den Streifenwagen. Dana hatte ihre Monster-Energy-Dose hastig in ihre Schutzweste gesteckt, doch bei jeder Bewegung spritzte ein wenig Inhalt heraus. Sven bemerkte es aus dem Augenwinkel und konnte sich ein kurzes, trockenes Lächeln nicht verkneifen.

Wie durch ein Wunder schaffte es dennoch jeder, heil über das nasse Kopfsteinpflaster zu rennen, dachte Sven insgeheim. Er startete den Motor und richtete seinen konzentrierten Blick auf den schimmernden Feuchtigkeitsschleier des letzten Regenschauers, der die Straße glitschig machte.

5 Sekunden bis zum Kick-Down

Svens Beifahrer Fabian, ein cleverer und fitter 24-jähriger Polizeimeister, riss die Beifahrertür auf und sprang auf den Sitz. Sven wartete regungslos, bis Fabian sich angeschnallt hatte und die Schlosszunge des Sicherheitsgurts eingerastet war.

Sven ließ seinen Blick durch die Gesichter der teils sehr jungen Kollegen schweifen. Einige wirkten überhastet, zwei von ihnen klar überfordert. Dann fiel sein Blick auf Elli, die gerade 21 geworden war. Sie rannte wie von einer unsichtbaren Kraft getrieben zu ihrem Streifenwagen, so überstürzt, dass sie es nicht rechtzeitig schaffte, vor dem Wagen anzuhalten. Um nicht dagegenzulaufen, knallte sie mit den Händen gegen die Autotür, was ein lautes Schlaggeräusch verursachte.

Für einen kurzen Moment erinnerte ihn Elli an jemanden – an sich selbst – damals. Sven ließ seinen Blick in die Ferne schweifen und dachte zurück, fast drei Jahrzehnte. Der Grund für den Einsatz war eine eilige Landehilfe: Ein Rettungshubschrauber suchte dringend nach einem sicheren Landeplatz am Rande der Innenstadt. Ihm war, als wäre es gestern gewesen…

Von Astbrüchen und Hubschraubern

Der junge Polizeimeisteranwärter Sven saß im Aufenthaltsraum seiner neuen Dienststelle in Duisburg und ließ den Blick durch den Raum schweifen. Es war erst sein dritter Tag, und die letzten Ereignisse hatten ihn überwältigt. Neue Kollegen, unbekannte Abläufe – er fühlte sich noch immer unsicher in der ungewohnten Umgebung. Gerade überlegte er, ob er sich eine Energy-Dose holen sollte, als der Wachdienstführer laut durch die Tür rief: „Dringender Einsatz! Landehilfe für Rettungshubschrauber auf dem

Altenbrucher Damm! Drei Kinder in der Kita verletzt – Sturz vom Baum nach Astbruch!"

Adrenalin schoss durch Svens Körper. Sein Streifenführer Markus, ein erfahrener Polizist, war bereits auf dem Weg zur Tür. „Sven, komm! Wir müssen vor dem Hubschrauber da sein, um den Landeplatz zu sichern!" Die Dringlichkeit in Markus' Stimme ließ Sven in Panik verfallen. Die schnelle Versorgung der Kinder hing davon ab, dass sie die Landung des Hubschraubers ermöglichten. Jeder Fehler könnte schwerwiegende Folgen haben. Svens Gedanken rasten, und seine Beine trugen ihn wie von selbst zum Parkplatz – ohne dass er sie bewusst kontrollierte.

Markus sprang in den Einsatzwagen und startete den Motor. Sven hastete auf den Beifahrersitz, gerade rechtzeitig, als Markus bereits beschleunigte. Sven schnallte sich umständlich an, obwohl er wusste, dass er eigentlich auch funken sollte. Doch ihm fehlten die Worte. Die Reifen quietschten, und Sven spürte die Anspannung in jeder Faser seines Körpers. Stattdessen ergriff Markus das Funkgerät: „Duisburg für Duisburg 14/04. Auf dem Weg zur Kita am Altenbrucher Damm. Rettungshubschrauber-Landung. Kommen!"

Sven spürte, wie der Wagen in den Kurven leicht ausbrach. Markus fuhr hart und präzise, nutzte jede Lücke im Verkehr. Während Markus die Kontrolle über die Situation behielt, fühlte Sven, wie sein Herz raste und seine Gedanken immer wieder abschweiften. Es gelang ihm nicht, sich mental zu beruhigen.

„Halte die Augen offen", sagte Markus mit ruhiger Konzentration. „Wir müssen schneller sein als der Hubschrauber, sonst wird die

Landung schwierig." Sven nickte mechanisch und hielt die Umgebung im Blick. Den Hubschrauber konnte er jedoch noch nicht entdecken. Der Druck wuchs, als der Funk erneut krächzte: „Duisburg 14/04 für Helios 7. Anflug auf Altenbrucher Damm. Zwei Minuten bis zur Landung."

Markus' Kiefermuskeln spannten sich an. „Bereit, Sven?" Er warf ihm einen kurzen Blick zu. Sven nickte wieder, obwohl er nicht wirklich verstand, was Markus von ihm erwartete. Er war hoffnungslos überfordert.

Als sie die Kita erreichten, spürte Sven seinen Puls auf höchstem Niveau. Zwei andere Streifenwagen waren bereits vor Ort, und die Polizisten sperrten die zweispurige Straße ab. Dann hörte Sven die Rotorengeräusche des nahenden Hubschraubers. Hinter der Kita entdeckte er eine leicht abschüssige Wiese und überlegte, ob sie für die Landung geeignet wäre. Doch wie sollte er den Piloten darauf aufmerksam machen? Mit seiner kleinen Taschenlampe würde er tagsüber kaum etwas ausrichten können. Für einen Moment hatte er den unsinnigen Gedanken, mit einem Warnschuss auf sich und den Landeplatz aufmerksam zu machen.

Markus' Hand auf seiner Schulter riss ihn aus den Gedanken. „Dort, auf der Straße!", sagte Markus und deutete auf die Fahrbahn. „Das ist der beste Landeplatz. Der Pilot setzt zur Landung an. Siehst du es? Wir müssen die Stelle sperren und alle Menschen aus dem Nahbereich fernhalten."

Die Erzieherinnen der Kita hatten Schaulustige bereits zurückgedrängt und wurden nun von Markus und Sven unterstützt. Die Rotoren wirbelten Staub und Blätter auf, während der

Rettungshubschrauber sanft auf der Straße aufsetzte. Sven spürte den starken Wind im Gesicht und beobachtete, wie die Landung erfolgreich abgeschlossen wurde. Er atmete tief durch – sie hatten es geschafft.

Der Notarzt sprang aus dem Hubschrauber und eilte in den Garten der Kita, wo die verletzten Kinder auf Decken lagen. Sven folgte ihm und beobachtete neugierig, wie der Notarzt vorging. Die Kinder sahen blass und verängstigt aus. Der Arzt sprach in sein Funkgerät: „Verdacht auf Polytrauma ohne stark blutende Wunden. Drei Rettungswagen.“

Sven atmete tief durch, doch sein Körper zitterte noch immer. Der Stress des Einsatzes hatte ihn durchgerüttelt. Er wusste, dass er den Nervenkitzel der schnellen Fahrten und die Dramatik der Einsätze suchte. Doch gleichzeitig spürte er auch die Last der Verantwortung, die auf seinen Schultern lag. Diese Mischung aus Erregung und Stress war eine Herausforderung, mit der er erst lernen musste umzugehen.

Zurück beim Einsatzwagen lehnte sich Sven erschöpft gegen die Tür und wischte sich den Schweiß von der Stirn. Sein Herzschlag beruhigte sich nur langsam, und die Anspannung ließ ihn nicht los.

Zurück auf der Wache besprachen Markus und Sven den Einsatz ausführlich. Markus schlug in treffender Weise vor: „Du warst sehr angespannt, Sven – mehr, als gut für dich war. Dadurch warst du nicht voll handlungsfähig. Aber keine Sorge, das ist am Anfang normal. Ich zeige dir, wie du das ändern kannst. Du musst es systematisch angehen, von unten aufbauen.

Stell dir vor, der Einsatz wird gemeldet. Wie musst du dich verhalten, damit dein Puls unter 90 und du ruhig und handlungsfähig bleibst? Du gehst nur so schnell zum Einsatzwagen, wie es dir möglich ist, ohne dich selbst zu überfordern. Dein Puls bleibt dabei unter Kontrolle. Dann setzt du dich hin, schnallst dich als Erstes an und überprüfst deine Atmung.

Wenn du funken musst, halte es kurz. Am Anfang reicht eine einfache Anmeldung bei der Leitstelle. Später, wenn nötig, gibst du eine Zwischenmeldung: Was wurde gesperrt? Wie sieht es mit den Verletzten aus? Vor Ort stimmen wir uns gemeinsam ab – entweder hören wir über Funk, wo der Hubschrauber zur Landung ansetzt, oder wir beobachten es selbst. Und dann sorgen wir dafür, dass alles großräumig abgesperrt wird."

Die Ereignisse des Tages kreisten noch lange in Svens Kopf. Doch diese Nachbereitung war Gold wert. Je öfter er sich die einzelnen Schritte vorstellte, desto klarer und einfacher schienen sie. Mit jeder mentalen Wiederholung spürte Sven, wie er sicherer wurde. Diese Art der Nachbereitung erwies sich als eine hocheffektive Vorbereitung für ähnliche Einsätze, die ihn in Zukunft erwarten würden. Die wichtige Lektion für Sven:

Den Puls unter 90 halten.

---

0 Sekunden bis zum Kick-Down

Das Klicken von Fabians Sicherheitsgurtschloss setzte augenblicklich vier Prozesse in Gang: Sven umklammerte das Lenkrad mit festem Griff und lenkte leicht nach links. Gleichzeitig trat er das Gaspedal voll durch, aktivierte ohne Hinzusehen das Blaulicht und das Martinshorn und beobachtete aufmerksam das Anfahrverhalten der anderen Einsatzwagen. Denn bei einem hektischen, gleichzeitigen Aufbruch aller Fahrzeuge vom Parkplatz bestand die Gefahr von Kollisionen. Svens Reifen drehten einen kurzen Moment durch, fanden aber schnell wieder Halt. Sein Wagen schoss als Erster in die leichte Linkskurve, jagte dann geradeaus und verließ das Polizeigelände in Richtung Einsatzort.

Über Funk meldete sich die Leitzentrale: „Bonn 12/45 von Bonn. Mannesmannallee 36. Verkehrsunfallflucht mit Personenschaden. Ein Motorradfahrer liegt nicht ansprechbar an der Unfallstelle. Flüchtig: ein schwarzer Audi A4, unterwegs in Richtung Rhein."

Bonn 12/45, das waren sie, Sven und Fabian.

Eine Stimme am Funk sprach schließlich aus, was spätestens jetzt alle dachten:

AMOK

Das Wort bohrte sich wie ein Dolch in Svens Kopf. *Sven, den Puls unter 90 halten*, befahl er sich selbst. Eine kurze Sekunde der Stille folgte, in der er spürte, wie seine Anspannung sich in pure, eiskalte Konzentration verwandelte.

Um schnell zur Mannesmannallee zu gelangen, zog er den Wagen hart nach links und nutzte den begehbaren Teil einer Mittelinsel für ein präzises Abbiegemanöver.

Vor Svens geistigem Auge zogen Bilder aus über 5.000 Arbeitstagen im Außendienst vorbei. Mehr als 40.000 Einsatzfahrten, davon gut 8.000 mit Sonder- und Wegerechten – und hunderte Verfolgungsfahrten. 28 Jahre Polizist. Doch diese Verfolgungsfahrt war anders als alle anderen zuvor. Hier stand alles auf dem Spiel. Bedeutende Schäden waren bereits entstanden, und es drohte, dass weitere Menschen verletzt oder sogar getötet werden könnten.

Sven hatte in seiner Karriere viele riskante Manöver gefahren. Doch dieses hier – es übertraf alles.

19:51 Uhr
Abbruch! Abbruch! Abbruch!

Svens Hände verkrampften sich um das Lenkrad. Was zur Hölle ging hier vor? Die Anspannung im Streifenwagen war förmlich greifbar. Fabian rutschte unruhig auf seinem Sitz hin und her, seine Augen sprangen hektisch zwischen der Straße und dem Bordcomputer hin und her.

„Himmel und Hölle", murmelte Sven leise vor sich hin. Das Adrenalin rauschte wie ein Strom durch seinen Körper. Das hier war keine normale Verfolgungsfahrt mehr – das war eine tickende Zeitbombe. Viele Verkehrsunfälle in kurzer Zeit und kein Ende in Sicht.

Im Polizei-Lagezentrum hatte der höhere Dienst nun alles mobilisiert. Einfach alles. Die Funkmeldungen überschlugen sich förmlich.

Fabian schlug frustriert mit der Faust gegen das Armaturenbrett. „Was ist das für ein Wahnsinniger?"

„Das finden wir gleich heraus", entgegnete Sven ruhig und trat das Gaspedal noch stärker durch.

Als sie die Mannesmannallee erreichten, tauchte vor ihnen das Blaulicht eines geparkten Rettungswagens und eines Streifenwagens auf. Sven erkannte seine Kollegen Werner und Sebastian, die bereits vor Ort arbeiteten. Die Sanitäter knieten neben dem Motorradfahrer und nahmen ihm vorsichtig den Helm ab.

Sven und Fabian wollten gerade aussteigen, als die nächste Funkmeldung über sie hereinbrach. Die Stimme eines Kollegen zitterte: „Wir haben den Wagen kurz gesehen. Der Typ ist irre! Der rammt alles, was ihm in den Weg kommt! Ich habe zwei verletzte Zivilisten am Café in der Neustädter Straße!"

Sven tauschte einen kurzen Blick mit Werner, der ihm mit einem knappen Nicken zu verstehen gab, dass sie hier alleine klarkommen würden. Werner wollte, dass Sven sich so schnell wie möglich auf die Socken machte, um dem Wahnsinn ein Ende zu bereiten.

Es stand alles auf dem Spiel. Sven erinnerte sich an die Lektionen seiner Ausbilder, an die fünf zentralen Kategorien der Polizeifahrten, die ihm damals eingebläut worden waren. Jetzt war der Moment, dieses Wissen anzuwenden …

Fahrlevel Grün bis Violett

Der Konferenzraum war kühl und hell beleuchtet. Die Stühle standen in ordentlichen Reihen, und neben der Tafel hing eine Karte der Stadt an der Wand. Sven, jung und voller Tatendrang, saß wie üblich in der ersten Reihe. Nachdenklich tippte er mit seinem Kugelschreiber auf seinem Schreibblock herum. Der reguläre Ausbilder war aus persönlichen Gründen verhindert, und stattdessen war ein älterer Lehrer eingesprungen. Sven hatte ihn bisher nur ein einziges Mal in einer Psychologie-Stunde gesehen.

Die Auszubildenden tuschelten leise miteinander, neugierig auf das, was sie erwartete. Es hieß, der Lehrer habe viele Jahre bei den Spezialkräften gearbeitet.

Als sich die Tür öffnete, verstummte das leise Murmeln sofort. Ein Mann um die sechzig, mit schütterem, grauen Haar und einer starken, aufrechten Haltung, betrat den Raum. Sein Name war Hauptkommissar Schneider, ein Veteran mit über vierzig Jahren Erfahrung bei der Polizei. Mit prüfendem Blick ließ er seine Augen durch die Klasse wandern, während er ruhig zur Tafel ging.

„Guten Morgen, meine Damen und Herren", begann Schneider mit einer tiefen, klaren Stimme. „Heute sprechen wir über ein Thema, das wichtiger ist als jede Theorie. Von Theorie haben Sie hier bereits genug gehört. Heute geht es um das Durchführen von Einsatzfahrten – und die verschiedenen Level, die Ihnen im Laufe Ihres Berufslebens begegnen werden."

Sven richtete sich auf seinem Stuhl auf. Schneider hatte seine volle Aufmerksamkeit. Einsatzfahrten – endlich ein praktisches Thema, das ihn begeisterte und ihn direkt betraf.

„Ich werde Ihnen heute die 4+1 Level der Einsatzfahrten erklären", fuhr Schneider fort. „Es ist entscheidend, dass Sie die Unterschiede zwischen den einzelnen Stufen verstehen. Das ist nicht nur eine Frage der Technik, sondern vor allem der mentalen und emotionalen Vorbereitung."

Schneider drehte sich zur Tafel, nahm einen Stift und schrieb die einzelnen Level in präziser Handschrift an. Dann wandte er sich wieder der Klasse zu, sein Blick wanderte kurz über die Gesichter, bis er direkt auf Sven ruhte. Seine Augen blitzten, als wollte er sicherstellen, dass Sven ihn genau verstand.

„Fangen wir mit dem grundlegenden Niveau an", sagte Schneider mit Nachdruck, „dem Führen eines Pkw im Alltag – etwas, das jeder von Ihnen bereits kennt."

Das Führen eines Pkw im Alltag

„Das ist das, was jeder normale Bürger tut: Sie fahren zur Arbeit, machen Einkäufe oder bringen die Kinder zur Schule. Es ist der alltägliche Gebrauch des Autos – Gas geben, bremsen, abbiegen. Sie achten auf Verkehrszeichen, Ampeln und Fußgänger. Vielleicht haben Sie ein quengelndes Kleinkind im Auto, aber das Stressniveau ist im Vergleich zu dem, was wir hier besprechen werden, ziemlich niedrig. Es ist – im wahrsten Sinne des Wortes – ein Spaziergang."

Ein leises Lachen ging durch den Raum, und Sven spürte, wie sich die Spannung löste. Schneider hatte die Stimmung genau getroffen.

„Doch sobald Sie zum ersten Mal eine Uniform tragen und in ein Einsatzfahrzeug steigen, ändert sich alles", fuhr Schneider fort. „Es geht nicht mehr nur um Sie und Ihr Auto. Plötzlich tragen Sie Verantwortung – für sich, für Ihre Kollegen und vor allem für die Menschen, die Sie schützen."

Level Grün: Cruisen

„Das erste Polizei-Level nenne ich ‚schlicht hoheitliches Handeln‘“, erklärte Schneider. „Hier geht es darum, Ihre Wahrnehmung zu schärfen und Situationen richtig zu interpretieren. Sie fahren durch Ihren Streifenbezirk, beobachten Menschen und Gebäude, analysieren Verkehrssituationen und suchen nach möglichen Gefahrenquellen. Es ist wichtig, ein Gefühl für den normalen Alltag zu entwickeln – denn nur so erkennen Sie schnell, wenn etwas davon abweicht.“

Sven machte sich eifrig Notizen. Es ging um präzises Beobachten und Interpretieren – Fähigkeiten, die im Alltag kaum gebraucht wurden, im Polizeidienst aber unerlässlich waren.

„Bei diesen Fahrten“, fuhr Schneider fort, „tragen Sie immer die Verantwortung, zu entscheiden, ob Sie einschreiten. Sie haben kein Blaulicht an, kein Martinshorn. Ihre bloße Anwesenheit soll deeskalierend wirken. Es geht darum, präsent zu sein und dafür zu sorgen, dass die Bürger sich sicher fühlen.“

Sven stellte sich vor, wie er durch die Straßen der Stadt fuhr, jeden Winkel kannte und jede Bewegung registrierte. Es schien ihm gleichermaßen aufregend und herausfordernd, diese ständige Wachsamkeit aufrechtzuerhalten.

Level Gelb: Die einfache Einsatzsituation

„Das nächste Level“, sagte Schneider und deutete auf die Liste an der Tafel, „ist die einfache Einsatzsituation. Hier sprechen wir von Sachverhalten, die regelmäßig polizeiliches Einschreiten erfordern, oder von Notfällen, die keine unmittelbare Lebensgefahr darstellen. Beispiele wären ein Verkehrsunfall ohne Verletzte oder eine gemeldete Ruhestörung. Ihr Ziel ist es, den Einsatzort zügig zu erreichen – und dabei innerhalb der Regeln der Straßenverkehrsordnung zu bleiben."

Sven hörte aufmerksam zu. Schneider erklärte, wie wichtig es sei, den schnellsten Weg im Kopf zu haben, Rückstaus zu vermeiden und vorausschauend zu fahren. „Vielleicht haben Sie einen Beifahrer, der Sie unterstützt, oder ein Navigationssystem. Doch letztlich sind Sie dafür verantwortlich, dass Ihre Kollegen und Sie sicher ankommen", betonte Schneider.

„Denken Sie immer daran: Der Einsatz beginnt nicht erst, wenn Sie aus dem Wagen steigen, sondern in dem Moment, in dem Sie den Auftrag über Funk erhalten", sagte Schneider eindringlich. „Bereiten Sie sich mental vor. Fragen Sie sich: Was erwartet mich vor Ort? Gibt es möglicherweise aggressive Personen? Wie werde ich mit der Situation umgehen?"

Sven stellte sich vor, wie er in einem Streifenwagen saß, mit dem Beifahrer sprach, das Navi im Blick behielt und durch den Verkehr manövrierte. Der Gedanke daran ließ sein Herz schneller schlagen. Er wusste, dass er noch viel zu lernen hatte, doch die Aussicht, in solchen Situationen die Kontrolle zu behalten, faszinierte ihn.

Level Rot: Die Sonder-/Wegerechtsfahrt

„Und dann", sagte Schneider und machte eine kurze Pause, „kommt Level Rot. Hier geht es um Leben und Tod. Eine Sonder- und Wegerechtsfahrt bedeutet, dass Sie Blaulicht und Martinshorn einsetzen, um den Weg freizumachen. Ihr Ziel ist es, so schnell und so sicher wie möglich den Einsatzort zu erreichen. Oft handelt es sich um medizinische Notfälle, schwere Verkehrsunfälle, Brandmeldungen oder gegenwärtige Diebstahls- und Körperverletzungsdelikte."

Die Luft im Raum wurde spürbar dichter. Sven merkte, wie sein Herz schneller schlug, während Schneider weitersprach.

„Stellen Sie sich vor, Sie müssen zu einem Unfallort, an dem ein Rettungshubschrauber landet, oder zu einem brennenden Haus. **Jede Sekunde zählt**, und es bleibt keine Zeit für Fehler. Doch gleichzeitig müssen Sie einen kühlen Kopf bewahren: bei Rot über die Ampel fahren, mit hoher Geschwindigkeit durch enge Straßen – all das gehört dazu. Vergessen Sie jedoch nie, dass Sie nicht nur für sich selbst verantwortlich sind. Jeder Unfall, den Sie verursachen, gefährdet Leben."

Sven konnte sich lebhaft vorstellen, wie er durch die Straßen raste. Das Martinshorn heulte, Autos wichen aus, um Platz zu machen. Die Mischung aus Aufregung und Furcht, die mit dieser Verantwortung einherging, war beinahe greifbar.

„Hier kommt es besonders auf Kommunikation und Vertrauen an", betonte Schneider. „Ihr Beifahrer ist entscheidend. Während Sie sich auf den Verkehr konzentrieren, kann er Informationen aus dem Funk aufnehmen, Sie bei der Navigation unterstützen und Ihnen beim Abbiegen Hinweise geben – etwa, ob ein Radfahrer parallel zu Ihnen geradeaus fährt. Klare Absprachen sind das A und O."

Ein Beifahrer ist ein entscheidender Vorteil: zusätzliche Augen und Ohren, die den Fahrer unterstützen.

Level Schwarz: Verfolgungsfahrt!

„Und dann gibt es das Level Schwarz", sagte Schneider leise. Sein Gesicht wurde ernst. „Die Verfolgungsfahrt. Möglicherweise haben Sie Sichtkontakt zu einem flüchtigen Fahrzeug. Ihre Aufgabe ist es, alles zu tun, um den Täter zu stellen – ohne dabei das Risiko für Unbeteiligte, Ihre Kollegen oder sich selbst zu erhöhen."

Schneider sprach eindringlich weiter und unterstrich, wie wichtig es sei, auch bei hoher Geschwindigkeit den Überblick zu behalten. „Sichtkontakt nicht verlieren, Standortmeldungen durchgeben, den Einsatz fortführen – aber niemals vergessen: Sicherheit hat immer Priorität. Manchmal müssen Sie die schwierige Entscheidung treffen, eine Verfolgung abzubrechen, wenn das Risiko unverhältnismäßig wird."

Er ließ seine Worte wirken, machte eine kurze Pause und sah die Klasse nachdrücklich an.

„Hören Sie mir genau zu: **Wenn Sie eine Verfolgung abbrechen, ist das keine Schwäche, sondern ein Zeichen von Professionalität.** Es gibt dort keinen Unsinn wie ‚Strafvereitelung'. Wenn Ihr Kopf oder Ihr Bauch Ihnen sagt, dass Sie aufhören sollten, dann hören Sie auf. Ignorieren Sie die Stimmen, die Sie zu falschem Heldentum drängen: **Gruppenzwang** sowie **toxische Maskulinität** oder die **Hoffnung auf Anerkennung** nach einer erfolgreichen Festnahme. Solches Verhalten hat schon viele Polizisten in bittere Situationen gebracht – und manchmal auch das Leben gekostet."

„Die Geschwindigkeit, der Erfolgsdruck, die Verantwortung – all das kann überwältigend sein", fuhr Schneider fort. „Ihre Gedanken rasen: *Was, wenn ich einen Unfall verursache? Was, wenn ich den Verdächtigen verliere?* Aber genau in diesen Momenten müssen Sie einen kühlen Kopf bewahren. Fokussieren Sie sich auf die Aufgabe. Wenn Sie jemals einen Orientierungspunkt brauchen, denken Sie an Folgendes: Als ich vor 40 Jahren bei der Polizei anfing, gab mir ein erfahrener Kollege einen simplen, aber wertvollen Rat: ‚*Halten Sie Ihren Puls unter 90.*"

Sven lauschte gebannt. Er konnte kaum glauben, dass er eines Tages selbst in solchen Situationen sein würde. Der Gedanke daran war gleichermaßen beängstigend und faszinierend. Es würde der Moment sein, in dem sich zeigen würde, ob er wirklich das Zeug dazu hatte, Polizist zu sein.

Schneider hatte die vier Level des Einsatzwagenfahrens abgeschlossen. Die Luft im Raum schien sich zu lockern, doch dann hob er die Hand und zog erneut die Aufmerksamkeit aller auf sich. „Eigentlich", sagte er mit einem ernsten Unterton, „wären wir an diesem Punkt fertig. Die vier Level decken alles ab, was in Lehrbüchern steht und was Ihnen hier beigebracht werden soll."

Er machte eine bedeutungsvolle Pause, sein Blick wanderte über die Gesichter der Klasse. „Aber aus bitterer Erfahrung – und ich sage das bewusst so – spreche ich mit Ihnen über ein weiteres Level. Es steht in keinem Lehrbuch, und vermutlich wird kein anderer Ausbilder Ihnen je davon erzählen. Ich jedoch halte es für meine Pflicht, es zu erwähnen."

Die Anspannung kehrte in den Raum zurück. Einige Schüler richteten sich unwillkürlich auf ihren Stühlen auf, als wüssten sie, dass das, was nun folgen würde, mehr als nur eine Theorie war.

Level Violett: Mobiler Amoktäter!

„Die ultimative Steigerung", sagte Schneider und atmete tief durch, „ist das Level, von dem wir alle hoffen, es niemals zu erleben: **Der mobile Amoktäter.**"

Ein leises Raunen ging durch den Raum. Jeder konnte sich ausmalen, wie gefährlich und erschreckend solche Situationen sein konnten.

„Hier sprechen wir von einem flüchtigen Fahrzeugführer, der bewusst und gezielt Menschen verletzt oder tötet. In diesem Moment geht es nicht mehr nur um die Verfolgung eines Flüchtigen zur Strafverfolgung, sondern um das Verhindern weiterer Opfer – also um Gefahrenabwehr. Der Erfolgsdruck ist enorm, die Emotionen kochen hoch. **Angst, Wut, Ohnmacht** – all das kommt zusammen. Und trotzdem müssen Sie unter diesen extremen Bedingungen einen klaren Kopf bewahren."

Sven spürte, wie ihm ein kalter Schauer über den Rücken lief. Er hatte von solchen Situationen gehört, von Kollegen, die sie erlebt hatten, von einem Lkw, der in die Menschenmenge eines Weihnachtsmarktes gerast war. Es war die ultimative Prüfung – die niemand bestehen wollte, aber auf die jeder vorbereitet sein musste.

„Hier gilt es, alles, was Sie je gelernt haben, anzuwenden", sagte Schneider abschließend. „Es geht nicht nur um Ihre Fahrtechnik, sondern vor allem um Ihre mentale Stärke. Sie müssen die Fähigkeit haben, schnell zu entscheiden: Rammen? Nagelgurtsperren einsetzen? Schießen? *Von letzterem rate ich jedoch dringend ab.* Weiterhin verfolgen oder abbrechen? Jede Sekunde zählt. Jede Entscheidung kann Leben retten – oder kosten. Halten Sie Ihren Puls unter Kontrolle, denken Sie klar. Die Fahrt kann sehr kurz sein, aber auch endlose Minuten andauern."

Schneider ließ seinen Blick durch die Runde schweifen und sah jedem Einzelnen in die Augen. „Das, was wir hier besprechen, ist mehr als nur Theorie. Es geht um Ihr Leben, um das Leben Ihrer Kollegen und um das der Menschen, die Sie schützen. Nehmen Sie diese Lektionen ernst. Üben Sie, lernen Sie, und seien Sie immer bereit."

> ## Entspannte Wachsamkeit erzielt die besten Ergebnisse.

Sven saß regungslos da, sein Kugelschreiber lag unbewegt auf dem Notizblock. Die Worte des erfahrenen Ausbilders hallten in seinem Kopf nach. Hier ging es nicht um reine Fahrtechnik. Es ging um Verantwortung – um die Bereitschaft, in den schwierigsten Momenten klar zu denken, um das Richtige tun zu können.

Schneider verließ den Raum, ohne ein weiteres Wort zu sagen, und hinterließ eine Atmosphäre voller Nachdenklichkeit. Sven spürte, dass dieser Tag sich unauslöschlich in sein Gedächtnis einprägen würde. Es war der Moment, in dem er wirklich begriff, was es bedeutete, Polizist zu sein.

Der Einsatzwagen raste durch die Stadt, das Martinshorn heulte schrill. Fabian rutschte nervös auf seinem Sitz hin und her. Seine Hände zitterten leicht, während die Häuser am Straßenrand wie Schatten vorbeizogen.

„Sven", begann Fabian vorsichtig und warf ihm einen unsicheren Blick zu, „wann bricht man eigentlich so eine Verfolgungsfahrt ab? Wann wird es zu gefährlich?"

Sven hielt seinen Blick fest auf die Straße gerichtet. „Das ist keine einfache Entscheidung, Fabian. Diesmal geht es nicht vorrangig um Strafverfolgung. Wir betreiben jetzt primär Gefahrenabwehr, Schadensbegrenzung, wenn Du so willst."

Fabian nickte zögernd, doch die Nervosität in seiner Stimme war unverkennbar. „Aber wenn die Polizei jemanden verfolgt, werden doch noch mehr Menschen in Gefahr gebracht?"

„Das tut er ohnehin, mit oder ohne uns", entgegnete Sven ruhig, ohne den Blick von der Fahrbahn abzuwenden. „Wir müssen ihn stoppen."

Fabian schluckte schwer. „Und… dürfen wir auf das Auto schießen?"

„Nein", kam Svens Antwort sofort und bestimmt. „Das bringt nichts. Du riskierst, dass das Fahrzeug außer Kontrolle gerät, und triffst am Ende noch Unbeteiligte."

Fabian beobachtete, wie Sven mit der rechten Hand leise etwas zu zählen schien. Vom Daumen ausgehend streckte er nacheinander jeden Finger aus, während seine Lippen unhörbar Worte formten.

„Also wir brechen nicht ab?", fragte Fabian erneut, seine Stimme noch immer unsicher.

Sven blieb konzentriert. „Solange wir handlungsfähig sind, bleiben wir dran. Oftmals ist ein Verfolgungsabbruch die richtige Entscheidung, um zu verhindern, dass der Flüchtige weiter rast und noch mehr Unbeteiligte gefährdet. Aber in diesem Fall… wird ein Abbruch nichts ändern. Fabian, er wird nicht von selbst aufhören."

Die Worte hingen schwer im Einsatzwagen, während Sven erneut in Gedanken versank. Sven musste an die 5-Punkte-Liste von Hauptkommissar Bergmann denken – die Grundsätze, die er damals so eindringlich vermittelt hatte.

Psychologie des Verfolgungsabbruchs

Hauptkommissar Bergmann trat vor die Gruppe der Polizeimeisteranwärter. Seine scharfen Augen funkelten hinter einer schmalen Brille, die tief auf seinem Nasenrücken saß. Mit einer langsamen Bewegung schob er die Brille mit dem Zeigefinger höher, bevor er seinen durchdringenden Blick über die konzentrierten Gesichter schweifen ließ.

Die Anwärter saßen erwartungsvoll auf ihren Plätzen, die Stifte fest in den Händen, bereit, das heutige Thema aufzunehmen. Eine gespannte Stille lag im Raum, als Bergmann schließlich mit ruhiger, aber eindringlicher Stimme begann: „Heute sprechen wir über den Abbruch einer Verfolgungsfahrt. Das ist einer der schwierigsten Momente im Einsatz – die Entscheidung, ob man weitermacht oder abbricht. Und lassen Sie mich eines klarstellen: Jeder von Ihnen wird irgendwann genau damit konfrontiert werden."

Die Bedeutung dieser Worte war unüberhörbar. Bergmanns Tonfall ließ keinen Zweifel daran, dass es sich um ein Thema von größter Tragweite handelte. Die Luft im Raum schien dichter zu werden, während die Anwärter mit wachsender Aufmerksamkeit lauschten.

Er ließ seinen scharfen Blick langsam durch die Reihen gleiten. Die meisten schauten konzentriert, einige wirkten leicht nervös. Bergmann verschränkte die Arme vor der Brust und stellte die Frage in den Raum: „Also, was macht eine Verfolgungsfahrt aus? Was passiert dabei?"

Einen Moment lang blieb es still, bis ein Anwärter zögernd die Hand hob und unsicher murmelte: „Man fährt schnell, um den Flüchtigen zu stellen..."

Ein anderer wagte es, hinzuzufügen: „Man... verfolgt jemanden, der nicht anhalten will."

Bergmann nickte knapp, seine Stirn leicht gerunzelt. „Ja, das sind die grundlegenden Punkte," sagte er ruhig. „Aber das ist nicht alles." Mit einer langsamen, überlegten Bewegung nahm er die Brille ab und begann, sie mit einem Tuch zu reinigen. „Bei einer

Verfolgungsfahrt geschieht weitaus mehr. Es ist nicht nur Geschwindigkeit. Es ist nicht nur das bloße Hinterherfahren."

Er setzte die Brille wieder auf und beugte sich leicht nach vorne, als wolle er seinen Worten mehr Gewicht verleihen. „Ihr erzeugt enormen Druck – in eurer eigenen Fahrgastzelle und in der des Flüchtigen. Es ist, als würden die Fahrzeuge allmählich anfangen zu glühen."

Sein Blick schweifte über die stillen Gesichter der Anwärter, die nun merklich gespannter zuhörten.

„Stellt euch das vor," fuhr Bergmann fort. „Mit jedem km/h, den ihr schneller werdet, mit jedem Meter, den ihr euch nähert, mit jedem Manöver, das ihr macht, erhöht sich dieser Druck. Nicht nur bei euch, sondern auch beim Fahrer, den ihr verfolgt. Er fühlt diesen Druck und wird immer unvorsichtiger, macht Fehler, die er unter normalen Umständen nicht machen würde. Ihr zwingt ihn dazu, schneller und riskanter zu fahren – und das kann gefährlich werden."

Er ließ die Worte wirken, bevor er schlussfolgerte: „Es ist kein einfacher Wettlauf gegen die Zeit. Ihr müsst immer wissen, dass ihr nicht nur euer Fahrzeug, sondern auch das Verhalten des Flüchtigen beeinflusst. Und dieser Druck kann sowohl euch als auch den Flüchtigen schnell in gefährliche Situationen bringen. Deshalb ist es so entscheidend, jede Verfolgung richtig einzuschätzen und zu wissen, wann man abbrechen muss. Allerdings wird es mit jeder Minute schwieriger, auszusteigen. Es packt euch, ihr seid mittendrin. Dranbleiben wird immer leichter sein, als aufzuhören."

37

„Merken Sie sich das hier," sagte er mit Nachdruck. „Wir sprechen von fünf wesentlichen Abbruchkriterien. Und die sollten Sie nie vergessen. Nutzen Sie sie wie eine Checkliste – und zwar an Ihrer eigenen Hand." Er hielt seine rechte Hand hoch, um die metaphorische Bedeutung zu verdeutlichen. „Machen Sie das zur Routine, wenn Sie je in einer Verfolgungssituation sind."

Mit einer langsamen Bewegung richtete er den Daumen auf und bewegte ihn leicht. „**Erster Punkt – der dreiteilige Grundsatz der Verhältnismäßigkeit.** Das ist der wichtigste Leitfaden, den Sie im Hinterkopf behalten müssen. Er wird mit dem Daumen symbolisiert, denn wie der Daumen alle anderen Finger unterstützt, hält dieser Grundsatz alle weiteren Kriterien zusammen."

Er sah in die Runde, seine Stimme wurde lauter, um das stetige Brummen des Rasenmähers draußen zu übertönen, das die Aufmerksamkeit einiger kurz ablenkte.

„Erster Teil – Geeignetheit der Maßnahme: Eine Verfolgung ist dann geeignet, wenn sie das Potenzial hat, den Flüchtigen zu stoppen. Das kann zum Beispiel durch einen Fahrfehler des Täters geschehen oder dadurch, dass er aufgibt, sobald der Druck groß genug und lange genug aufrechterhalten wird. Das Ziel unserer Verfolgung muss also genau darin liegen, diese Möglichkeiten effektiv auszunutzen."

Bergmann hielt inne, ließ seinen Blick durch den Raum wandern und machte eine kurze Pause, damit seine Worte bei den Zuhörenden Wirkung zeigen konnten.

Sven konnte sich lebhaft vorstellen, wie leicht es war, in einer Ausnahmesituation einfach loszufahren und die Verfolgung

38

aufrechtzuerhalten, ohne sich die Frage nach der Geeignetheit der Maßnahme zu stellen – oder diese Frage im Verlauf des Einsatzes erneut zu überdenken.

„Zweiter Teil – Erforderlichkeit der Maßnahme: Eine Verfolgung ist dann erforderlich, wenn sie notwendig ist, um die Identität des Täters festzustellen. Wenn wir den Flüchtigen nicht identifizieren können und keine anderen Möglichkeiten zur Verfügung stehen, bleibt uns oft nichts anderes übrig, als die Verfolgung aufzunehmen. Doch häufig gibt es Alternativen: Eine Rotlichtfahrt, beispielsweise, kann mithilfe des abgelesenen amtlichen Kennzeichens geahndet werden. Oder es können Kontrollstellen am Stadtrand eingerichtet werden, um den Täter zu stoppen."

„Dritter Teil – Angemessenheit der Maßnahme!" Bergmann hielt inne, ließ seinen Blick durch den Raum schweifen und sicherte sich die volle Aufmerksamkeit der Zuhörer. „Das Ziel einer Verfolgung muss immer im Verhältnis zu den Risiken stehen. Wenn es sich um eine schwere Straftat handelt – wie einen Raubüberfall oder eine akute Gefährdung von Menschenleben – ist die Verfolgung in der Regel gerechtfertigt. Geht es jedoch nur um eine Ordnungswidrigkeit, ist das Risiko, das wir eingehen, weder für uns noch für die Zivilisten auf der Straße angemessen. Und wenn wir nicht sicher wissen, ob ein gewichtiger Grund vorliegt, dürfen wir nicht einfach von irgendeinem Grund ausgehen, nur weil jemand unsere Anhaltezeichen missachtet!"

Sven konnte sich die Situation lebhaft vorstellen: Es reichte oft schon, dass jemand sich einer Polizeikontrolle entzog, und die Beamten begannen automatisch, das Schlimmste anzunehmen, um die Verfolgung vor sich selbst zu rechtfertigen. *Der hat bestimmt eine Leiche im Kofferraum, dazu ein Kilo Kokain und keinen Führerschein.* Ein leichtes Lächeln huschte über Svens Gesicht bei diesem Gedanken.

Bergmann setzte fort, während er warnend einen Finger hob. „Und noch einmal: Dichten Sie dem Flüchtigen keine Straftaten an, die Ihr Kopf Ihnen nur vorspielt, um Ihre Verfolgung zu rechtfertigen!"

Er ließ die Hand sinken, bevor er mit ruhiger, aber eindringlicher Stimme weitersprach: „Nehmen wir an, es handelt sich lediglich um eine Ordnungswidrigkeit, etwa das Überfahren einer roten Ampel. Ist es in einem solchen Fall wirklich vertretbar, mit hoher Geschwindigkeit durch enge Straßen zu rasen und dadurch Unbeteiligte zu gefährden? Hier ist die Abwägung entscheidend. Der Grundsatz der Verhältnismäßigkeit verlangt von uns, immer genau zu prüfen: Steht das Ziel – die Identität des Flüchtigen festzustellen oder ihn zu ergreifen und zu durchsuchen – im Verhältnis zu dem Preis, den wir dafür zahlen könnten?"

Er ließ seine Worte bewusst im Raum nachklingen. Einige Anwärter rutschten unruhig auf ihren Stühlen hin und her, sichtlich beschäftigt mit den Konsequenzen, die aus Bergmanns Ausführungen hervorgingen.

Langsam streckte er den Zeigefinger aus und hielt ihn für alle sichtbar in die Luft. „**Zweiter Punkt – die Prüfung eurer eigenen Emotionen und Leistungsfähigkeit.**" Mit einer bedächtigen Bewegung führte er den Finger an seine Schläfe, ließ ihn dort ruhen und hielt inne, um sicherzustellen, dass alle aufmerksam blieben.

„Eure Emotionen können in einer Verfolgungsfahrt eure größte Gefahr sein", erklärte er mit Nachdruck. „Wut, Ehrgeiz oder sogar Angst – all das kann euch blenden und zu irrationalen Entscheidungen führen. Ihr müsst lernen, in solchen Momenten innezuhalten und bewusst tief durchzuatmen."

Er ließ den Blick durch die Runde schweifen, bevor er eindringlich hinzufügte: „Fragt euch: Habe ich noch die Kontrolle? Oder ist es nur noch der blinde Wunsch, diesen Kerl um jeden Preis zu schnappen? Wenn ihr merkt, dass eure Emotionen die Oberhand gewinnen, dann ist das ein klares Signal, die Verfolgung überdenken zu müssen."

Bergmann zog die Augenbrauen leicht hoch, während ein verschmitztes Lächeln über sein Gesicht huschte. Langsam hob er den Mittelfinger und erklärte: **„Dritter Punkt – die Wetterbedingungen."** Die Anwärter konnten spüren, dass etwas Witziges folgen würde. „Das Wetter kann uns hin und wieder den Mittelfinger zeigen."

Einige schmunzelten, und Bergmann ließ ein kurzes Lachen hören, bevor er weitersprach: „Regen, Glätte, Dunkelheit – all das sind Faktoren, die das Risiko erheblich erhöhen. Besonders wenn es richtig ungemütlich wird, müsst ihr doppelt vorsichtig sein. Die Straße wird rutschig, die Sicht ist eingeschränkt, und selbst der kleinste Fehler kann katastrophale Folgen haben. Also, wenn das Wetter euch den Mittelfinger zeigt, denkt genau darüber nach, ob die Verfolgung unter solchen Bedingungen überhaupt noch vertretbar ist."

Mit einer fließenden Bewegung streckte er den Ringfinger aus. Seine Stimme wurde ernst, und die zuvor entspannte Stimmung wich spürbarer Anspannung. „**Vierter Punkt – die technische Überlegenheit des Flüchtigen.**"

Er ließ seinen Blick durch die Runde gleiten. „Stellt euch vor, der Flüchtige fährt ein deutlich schnelleres oder wendigeres Fahrzeug als ihr. Ihr müsst in solchen Fällen akzeptieren, dass ihr ihn vielleicht nicht stoppen könnt. Physikalische Grenzen existieren – egal, wie gut ihr seid. Es hat keinen Sinn, euch oder andere in Gefahr zu bringen, nur um eine Verfolgung um jeden Preis zu beenden. Seid euch eurer eigenen Fähigkeiten bewusst – und auch der Grenzen eures Fahrzeugs. Wenn der Fahrer gut ist und sein Fahrzeug besser, brecht die Verfolgung ab."

Schließlich hob Bergmann den kleinen Finger und hielt ihn den Anwärtern entgegen. „**Fünfter Punkt – der Blick nach innen: Erfolgsdruck und / oder Sensation-Seeking!**" Er ließ die Worte für einen Moment im Raum hängen, bevor er fortfuhr. „Das ist der kleinste Finger, aber genauso wichtig wie die anderen. Fragt euch ehrlich: Habe ich das Gefühl, diesen Flüchtigen unbedingt schnappen zu müssen, koste es, was es wolle? Oder bin ich dem Nervenkitzel erlegen, diesem Drang, die Verfolgung fortzusetzen, nur weil ich die Spannung spüre?"

Während Bergmann weitersprach, ertönte plötzlich ein leises, aber gut hörbares Flüstern aus der hinteren Reihe. Ein Polizeimeisteranwärter tuschelte mit seinem Sitznachbarn und warf verstohlene

Blicke auf sein Handy. Die Unruhe griff kurz auf die anderen über, bis Bergmann mitten im Satz innehielt.

Plötzlich schlug er mit der Faust auf den Tisch. Der Aufprall hallte durch den Raum und ließ alle zusammenzucken. Schockierte Stille folgte, und alle Augen richteten sich schlagartig auf ihn. „Was zum Teufel glauben Sie, was hier gerade passiert?" Bergmanns Stimme war scharf wie ein Messer. Die Brille blitzte im Licht, als er den Kopf hob und die Klasse mit durchdringendem Blick musterte.

„Wenn Sie während einer Verfolgungsfahrt auch nur eins dieser Abbruchkriterien ignorieren, riskieren Sie nicht nur Ihre Karriere, sondern auch Leben!" Seine Stimme wurde leiser, doch der Nachdruck blieb unverändert. „Andererseits - wenn Sie alle fünf Punkte berücksichtigen und dennoch ein Unfall passiert – ein Zufall, ein nicht vorhersehbares Missgeschick – dann können Sie zumindest im Nachhinein vor sich selbst, vor einem Richter, den Nebenklägern und vor dem Disziplinarausschuss erklären, dass Sie nach bestem Wissen und Gewissen gehandelt haben. Aber stellen Sie sich den Unterschied vor, zwischen dem Zustand jetzt, wo Sie noch kein Leben auf dem Gewissen haben, und dem Moment, in dem Sie den Tod Ihres Beifahrers verantworten müssen – eines Menschen, dessen Familie Sie vielleicht kennen."

Bergmann machte eine Pause und holte tief Luft, seine Worte bohrten sich in die Köpfe der Anwärter. „Wenn Sie die Abbruchkriterien befolgen, können Sie zumindest darauf hoffen, dass man Ihnen Milde entgegenbringt. Aber wenn Sie aus Übermut oder Nachlässigkeit handeln oder weil sie unvorbereitet waren..."

43

Er fixierte den zuvor störenden Anwärter, dessen Gesicht sich merklich verkrampfte. „Sie da. Heben Sie Ihre Hand!"

Der Anwärter schluckte und zögerte einen Moment, bevor er gehorchte. Bergmann trat einen Schritt auf ihn zu, schob die Brille mit einem Finger nach oben und musterte die zitternde Hand. „Strecken Sie Ihre Finger aus."

Der Anwärter tat, wie ihm befohlen. Bergmann packte die Hand mit seiner eigenen, ein wenig grob, um deutlich zu machen, dass es ihm ernst war.

Verhältnismäßigkeit ist der universelle Ratgeber.

„**Der Daumen!**" rief Bergmann scharf, während er den Daumen des Störers nach unten drückte. „**Verhältnismäßigkeit!** Können Sie erklären, warum Sie die Verfolgung trotz der Risiken weiterführen? Wenn Sie das nicht überzeugend begründen können, dann sollten Sie abbrechen!"

Der Anwärter schluckte und nickte stumm, seine Unsicherheit war deutlich spürbar.

„**Der Zeigefinger!**" rief Bergmann, während er diesen langsam einknicken ließ. „**Emotionen und Leistungsfähigkeit** – Haben Sie Ihre Wut unter Kontrolle? Sind Sie mental und körperlich in der Lage, die Verfolgung sicher fortzusetzen? Oder brennen Sie innerlich vor Ehrgeiz und lassen sich davon treiben?"

„**Der Mittelfinger!**" Bergmanns Stimme klang diesmal ernst, und das vorherige Schmunzeln an dieser Stelle blieb aus. „**Wetterbedingungen!** Wenn Regen, Glätte oder Nebel euch im Stich lassen, zeigt ihr dem Wetter diesen Finger – indem ihr die Verfolgung abbrecht!"

Bergmann klappte auch den **Ringfinger** herunter. „**Technische Unterlegenheit!** Wenn der Flüchtige ein guter Fahrer ist und ein schnelleres oder wendigeres Fahrzeug hat, das von eurem nicht eingeholt werden kann, dann akzeptiert diese Grenze – und brecht die Verfolgung ab."

Bergmann packte den **kleinen Finger** des Störers mit festem Griff, sah ihm tief in die Augen und sprach mit Nachdruck: „Und was passiert, wenn Sie den **Erfolgsdruck** nicht loslassen? Wenn Ihr **Sensation-Seeking** Sie antreibt und nicht Ihre Vernunft?" Während er sprach, schüttelte er den kleinen Finger leicht, aber bestimmt.

Der Polizeimeisteranwärter wurde blass. Seine Stimme war kaum mehr als ein Flüstern, als er antwortete: „Dann bricht der Finger… und alles bricht zusammen."

Bergmann nickte, ließ den Finger los, trat einen Schritt zurück und richtete seinen durchdringenden Blick auf die gesamte Gruppe. „Genau! Und wenn Sie auch nur einen dieser Punkte missachten, riskieren Sie nicht nur Ihren Finger – Sie riskieren alles: Ihre Gesundheit, Ihre Karriere und vor allem das Leben jedes Menschen in Ihrer Nähe."

Plötzlich verstummte der Rasenmäher draußen, als ob er die Bedeutung dieser Worte unterstreichen wollte. Eine tiefe Stille legte

45

sich über den Raum. Bergmann verließ ihn beinahe lautlos, schloss die Tür hinter sich und ließ die jungen Polizisten in nachdenklicher Stille zurück.

Fabian starrte konzentriert aus dem Fenster, während der Einsatzwagen mit heulendem Martinshorn durch die nächtlichen Straßen jagte. Das Flackern der Straßenlaternen spiegelte sich in seinen Augen, aber sein Blick war in Gedanken versunken. „Was treibt jemanden dazu, so auszurasten?" fragte er plötzlich, ohne Sven anzusehen. „Was bringt einen Menschen dazu, vor der Polizei zu fliehen, völlig ohne Rücksicht auf Verluste?" Seine Stimme klang nachdenklich, beinahe hilflos. „Ist es Verzweiflung? Schulden? Drogen?"

Sven hielt den Blick starr auf die Straße gerichtet, seine Hände fest am Steuer. Die Straßen vor ihm verschwammen zu einer Abfolge von Schatten und Licht, doch seine Stimme blieb ruhig und kontrolliert. „Die Gründe für eine Flucht können vielfältig sein," antwortete er mit Bedacht. „Manchmal ist es reine Panik – der Moment, in dem jemand einfach durchdreht. Manchmal versuchen sie, ein Verbrechen zu vertuschen. Aber es sind nicht immer rationale Gründe."

Er warf einen kurzen Seitenblick auf Fabian, bevor er fortfuhr: „Manchmal reicht schon eine Kurzschlusshandlung, ein Streit, eine schlimme Erfahrung mit der Polizei – vielleicht vor Jahren. Oder sie haben sich von Dingen blenden lassen, die sie über die Polizei auf Social Media gesehen oder gehört haben. Manchmal ist es nicht mal eine klare Entscheidung, sondern nur Angst und Überforderung."

Fabian schwieg, aber seine Stirn war nachdenklich gerunzelt. Der Wind rauschte laut an den Fenstern vorbei, doch für einen Moment schien die Zeit langsamer zu laufen. Svens Worte schienen nicht nur Fabian zu betreffen – sie trafen auch ihn selbst.

Während Sven sprach, fluteten unzählige Bilder und Gedanken seinen Kopf. Die Stimme seines Beifahrers verblasste, die sirrenden Lichter der Laternen um ihn herum wurden unwichtiger. Vor seinem inneren Auge tauchten die Gesichter von Flüchtigen auf, die er im Laufe seiner Karriere erlebt hatte. Männer und Frauen, Jugendliche und Erwachsene – jeder von ihnen hatte eine eigene Geschichte, eigene Ängste, eigene Fehler.

Langsam verlor die Gegenwart ihre Schärfe, während er tiefer in die Erinnerungen abtauchte. Da war die Flucht eines Mannes, der glaubte, mit einer kleinen Ordnungswidrigkeit sein Leben zerstört zu haben und fliehen zu müssen. Oder der Jugendliche, der panisch wurde, weil er keinen Führerschein hatte. Und der verzweifelte Vater, der glaubte, die Polizei würde ihm das Sorgerecht nehmen, wenn er anhalten würde. Jeder Einsatz hatte Spuren hinterlassen – bei den Flüchtigen, bei den Polizisten, bei ihm selbst.

Die nächtlichen Straßen vor ihm verblassten zu einem fernen Hintergrund, und die Erinnerungen holten ihn ein wie ein Sturm. Die Vergangenheit zog ihn tiefer in ihren Sog, in die Tiefe vergangener Einsätze…

Warum Verkehrsteilnehmer flüchten

Porsche 911 Turbo S

Es war ein gewöhnlicher Nachtdienst der dreiköpfigen Alkoholsonderstreife, und die Standkontrollen verliefen ereignislos. Poli-
zeikommissar Sven stand mittig auf der Fahrbahn, konzentriert
und mit dem Anhaltestab in der Hand, um die Fahrzeuge auf seiner Seite zum Anhalten zu dirigieren. Die Luft war kühl und klar,
die gleichmäßig leuchtenden Straßenlaternen warfen gelbliche Re-
flexe auf den Asphalt. Eines nach dem anderen rollten die Autos
gemächlich heran, und alles schien seinen geregelten Lauf zu nehmen.

Rudi und Siggi, Svens Kollegen, führten routiniert Alkoholtests
durch, während Sven die kommenden Fahrzeuge heranwinkte.
Sechs Wagen hielten wie erwartet an – aber der siebte nicht.

Ein schwarzer Porsche 911 verlangsamte zunächst, was Sven erleichtert registrierte. Doch plötzlich gab der Fahrer Gas. Mit einem aggressiven Wendemanöver ließ der Wagen seinen kraftvollen Motor aufheulen und raste davon.

„Hinterher!", rief Sven, das Adrenalin durchströmte seinen Körper. Er wusste, dies könnte eine schwierige Verfolgung werden, doch seine Entschlossenheit ließ keinen Raum für Zweifel. Rudi, der die Szene mit verschränkten Armen beobachtete, schüttelte den Kopf. „Das ist ein Porsche. Lass den ziehen, Sven."

Doch für Sven war die Sache klar. Ohne zu zögern, sprang er in den Streifenwagen. Er startete den Motor, aktivierte Blaulicht und Martinshorn und setzte den Notruf ab. Der Porschefahrer konnte das unverkennbare Aufblitzen der blauen Lichter nicht übersehen.

Siggi war gerade auf den Beifahrersitz gefallen, als Sven das Gaspedal durchtrat. Der Streifenwagen beschleunigte, während der Porsche nach rechts in die große Proskauer Straße schwenkte. Siggi, der den Ernst der Lage spürte, hielt sich am Türgriff fest. „Weißt du, was du tust?" Seine Stimme war ruhig, doch sein Blick war ernst.

Der Porsche flog durch die scharfe Kurve, seine überlegene Straßenlage ließ ihn mühelos durch die Biegung gleiten. Sven prüfte blitzschnell die Situation: trockener Asphalt, keine Fußgänger, kein Gegenverkehr. Mit einem festen Tritt aufs Bremspedal ließ er das ABS des Streifenwagens arbeiten, bevor er die Lenkung präzise nach rechts zog. Der Wagen schaukelte leicht, doch Sven korrigierte mit einer geübten Gegenlenkbewegung.

Der Abstand zum Porsche war groß, doch dann passierte etwas Unerwartetes: Die Bremslichter des Sportwagens flackerten auf. Sven sah, wie der Porsche abrupt nach rechts in eine Seitenstraße einbog. „Eine Sackgasse!", rief Sven triumphierend, als er, ebenfalls an der Einmündung angekommen, das Lenkrad nach rechts riss und die Verfolgung zu einem Ende brachte.

Am Ende der Sackgasse parkte der Porsche am Fahrbahnrand. Ein Mann um die 40 stieg aus. Sein Gang war schnell, aber kontrolliert – als wolle er sich nicht eingestehen, dass er gestellt wurde. Er konnte nicht glauben, dass er 180.000 Euro für 530 PS ausgegeben hatte und nun vom 140 PS Streifenwagen eingeholt worden war.

Siggi griff zum Außenlautsprecher und rief mit unmissverständlicher Autorität: „Bleiben Sie stehen!" Der Mann stoppte und hob die Hände, als sei jede Hoffnung auf Flucht verflogen.

„Warum sind Sie geflüchtet?" fragte Siggi ruhig.

Der Mann zögerte. „Ich dachte... ich dachte, die Straße wäre gesperrt. Ich wollte nur hier parken und den Rest nach Hause laufen."

„Wo wohnen Sie denn?" wollte Siggi wissen.

„Begonienweg 4" antwortete der Mann stockend.

Sven schnaubte leise. „Hier? Wir sind mehr als zwei Kilometer von dieser Adresse entfernt."

Ein Atemalkoholvortest bestätigte 0,8 Promille – gerade genug, um den Porschefahrer in Panik zu versetzen.

Rückblickend erinnerte sich Sven daran, wie sehr nicht nur Fahrzeug und Fahrfähigkeiten, sondern immer auch die Psyche über Erfolg oder Misserfolg einer Verfolgung entschied. Der Porschefahrer hätte leicht entkommen können, hätte er die Nerven behalten und seine Fahrzeug-Überlegenheit genutzt, wäre er nur etwas länger geradeaus gefahren. Doch es war Svens Entschlossenheit und die Präzision seines Handelns, die den Unterschied ausmachten.

Eine Lektion blieb hängen: Manchmal reichte es, Ruhe zu bewahren, die Chancen zu nutzen – und niemals zu früh aufzugeben.

Ins kaltnasse Grab gedrückt

Der starke Regen prasselte unaufhörlich und zwang Sven und Siggi, ihre Standkontrolle von ihrer bevorzugten Stelle unter eine nahgelegene Brücke zu verlegen. Der Schutz vor dem Regen brachte jedoch auch Einschränkungen: Die enge Umgebung ließ kaum Raum für Wendemanöver, und die Übersicht über den Verkehr war stark begrenzt. Dennoch blieb Sven wachsam. Trotz des monotonen Regens ließ er sich nicht ablenken.

Die Autos kamen langsam, eines nach dem anderen, und Siggi kontrollierte routiniert einen weiteren Fahrer. Sven hörte, wie sein Kollege mit ernster Stimme sprach: „Richtig ins Atemalkoholmessgerät pusten, sonst müssen Sie zur Blutprobe mitkommen. Ich rieche doch den Alkohol."

Sven drehte sich um. Der Fahrer in der unbeleuchteten Fahrgastzelle wirkte sichtlich nervös und brachte kaum genügend Luft ins Gerät. Siggi forderte ihn erneut auf: „Noch einmal, und diesmal richtig." Doch der Mann zögerte, brachte es erneut nicht zustande und wich Siggis Blick aus.

„So wird das nichts", sagte Siggi schließlich, die Geduld verlierend. „Geben Sie mir Ihren Führerschein und steigen Sie aus." Doch der Mann drückte plötzlich das Gaspedal durch. Mit durchdrehenden Reifen schoss der Wagen davon, während Wasserfontänen vom Boden hochspritzten.

„Verdammt, nicht schon wieder!", fluchte Siggi, während er zum Streifenwagen sprintete und sich hinter das Steuer setzte. Sven sprang auf den Beifahrersitz, aber das enge Gelände unter der Brücke machte ein sofortiges Hinterherfahren unmöglich. Mit vorsichtigen Bewegungen rangierte Siggi den Streifenwagen vom hohen Bordstein und wendete mühsam in fünf Zügen. Sven biss die Zähne zusammen, während wertvolle Sekunden verstrichen.

Sie aktivierten Blaulicht und Martinshorn. Der Regen verschlechterte die Sicht erheblich, doch sie konnten die Rücklichter des fliehenden Autos erkennen, das nach rechts abbog. Als sie die Stelle erreichten, sahen sie, dass die abgehende Straße sich aufteilte: halb

53

links oder halb rechts? Wie sollten sie ohne Sichtkontakt entscheiden?

„Gib das Kennzeichen über Funk durch! Ist der Alkoholiker schon bekannt?", befahl Siggi. Svens Funkmeldung setzte weitere Einsatzfahrzeuge in Bewegung, die mit Blaulicht anrückten. Kurz darauf kam die Bestätigung über Funk: Es war derselbe Fahrer wie letzte Woche – derselbe, dem sie an ihrer Lieblingsstelle bereits den Führerschein abgenommen hatten. Sie hatten ihn nicht wiedererkannt.

„Er wohnt hier in der Nähe. Wahrscheinlich dachte er, wir stehen wieder an der alten Stelle", sagte Sven, während er mögliche Fluchtrouten abwog. Siggi schüttelte den Kopf, verärgert über sich selbst, dass er den Mann nicht sofort erkannt hatte.

Nach wenigen Minuten fanden sie das Fahrzeug des Flüchtigen – ordnungsgemäß am Fahrbahnrand geparkt, menschenleer. Der Regen prasselte weiter, und nun trennte ein Weg von 200 Metern den Fahrer von seiner Wohnanschrift, zweifellos sein angestrebtes Ziel. Dazwischen lag jedoch ein düsterer, regenverhangener Friedhof.

„Eine Suche hier macht keinen Sinn", murmelte Siggi. „Er hat im Dunkeln jede Chance, uns zu entwischen." Sven wusste, dass Siggi Recht hatte. Der Friedhof bot unzählige Verstecke, und ohne Licht wären sie womöglich direkt an dem Mann vorbeigelaufen. Doch nach zehn Minuten erfolgloser Suche auf den Straßen, die beiden Unterstützungswagen waren gerade wieder abgezogen, geschah das Unerwartete.

Im Scheinwerferlicht des Streifenwagens sahen sie den Mann, wie er auf der anderen Seite, nahe seinem Zuhause, aus dem Friedhof heraustrat. „Da ist er!", rief Sven und sprang aus dem abgebremsten Einsatzwagen. Er rannte los, das Adrenalin pumpte durch seine Adern. Der Flüchtige bemerkte ihn und setzte erneut zur Flucht an.

Diesmal rannte der Mann um einen Transporter herum, doch Sven blieb ruhig und überlegte strategisch. Je länger die Verfolgung dauerte, desto näher würde die Verstärkung wieder sein. Doch plötzlich machte der Flüchtige kehrt und rannte zurück auf den Friedhof. Sven zögerte nur kurz, dann folgte er. Der nasse Boden und der unaufhörliche Regen erschwerten das Rennen, doch Sven holte auf.

Mit einem gezielten Sprung und einem festen Griff packte Sven den Flüchtigen und riss ihn zu Boden. Beide stürzten auf ein frisches Grab, während der matschige Boden in alle Richtungen spritzte. Der Mann schrie auf, doch Sven ließ nicht locker und fixierte das zappelnde Bündel entschlossen am Boden.

Siggi, schwerfällig, aber motiviert, kam angerannt und legte dem Mann auf dem Rücken Handfesseln an. Er war sichtlich betrunken und wie später bekannt wurde hatte er 1,6 Promille, genau wie bei der Kontrolle in der letzten Woche. Während Sven seine nassen, schlammverschmierten Handschuhe betrachtete, dachte er: *Warum riskieren Menschen so viel, um der Polizei zu entkommen?* Die MPU, im Volksmund Idiotentest genannt, drohte ihm sowieso und es gab keinen Führerschein mehr beim Beschuldigten wegzunehmen. Das war eine Flucht, die von Alkohol und Panik getrieben

55

war, aber auch von Niederschwelligkeit: Er brauchte nur Gas zu geben. Siggi hatte ihn zuvor nicht aufgefordert, den Motor auszuschalten oder bei Wahrnehmung des Atemalkoholgeruchs, ihm den Autoschlüssel auszuhändigen oder auszusteigen.

Kurz hörte Sven den gleichmäßigen Rhythmus seiner Reifen auf der nassen Straße der Gegenwart, dann zog es ihn wieder in seine Gedanken zurück. Viele Flüchtige konnten entwischen, andere konnte Sven stellen.

Da fiel ihm der technisch überlegene Audi A8 ein, den er damals, wenn auch mit einigem Sachschaden, geschnappt hatte. Damals…

Nur ein Audi A8

Die kalte Nachtluft lag wie ein schwerer Schleier über der Landstraße. Nur das gelegentliche Hochhalten von Svens Anhaltestab durchbrach die statische Gleichförmigkeit der Szene. Sven und sein Kollege Rudi standen bereit, um einen Audi A8 zu kontrollieren, der langsam auf die Kontrollstelle zurollte. Doch als der Wagen die Beamten erreichte, geschah etwas, das Sven die Luft anhalten ließ: Der Audi beschleunigte plötzlich und raste, ohne zu zögern, dicht an ihnen vorbei.

"Das darf doch nicht wahr sein!" rief Sven, während das dröhnende Röhren des Motors in seinen Ohren nachhallte. Instinktiv fuhr er herum und brüllte: "Hinterher!"

Rudi, die Ruhe selbst, lehnte sich entspannt gegen den Streifenwagen und sagte trocken: "Das ist ein Audi A8, Sven. Vergiss es." Doch Sven war längst eingestiegen und ließ den Motor aufheulen.

"Ich kann den nicht einfach fahren lassen", sagte er entschlossen und aktivierte Blaulicht, Martinshorn und Funk in einem routinierten Ablauf.

Rudi stieg widerwillig ein, schüttelte missmutig den Kopf und schnallte sich an. "Du bist verrückt. Der hat mindestens 300 PS, und er biegt gerade auf die Autobahn ab! Wir haben nicht den Hauch einer Chance."

Sven ignorierte Rudis Worte, drückte das Gaspedal durch und folgte dem Flüchtigen. Auf der Autobahn beschleunigte der Audi mühelos und war in einigen Sekunden nur noch ein winziger Punkt am Horizont. Der Streifenwagen mühte sich, 190 km/h zu erreichen, sodass der Abstand immer weiter wuchs.

"Vielleicht überlegt er es sich anders", murmelte Sven, während er den flüchtenden Wagen allmählich aus den Augen verlor.

Rudi verschränkte die Arme. "Sven, das wird nichts. Lass uns abbrechen, bevor wir hier Sprit und Nerven vergeuden." Doch Sven blieb entschlossen. "Vollgas bis zur nächsten Ausfahrt. Wenn er dort rausfährt, haben wir eine Chance, ihn bei einer roten Ampel zu erwischen."

Als sie die Ausfahrt erreichten, änderte sich die Situation schlagartig. Vor ihnen tauchte der Audi wieder auf – an einer Stelle, an der ein Auto definitiv nicht stehen sollte. Offenbar hatte der Fahrer die Kurve der Ausfahrt zu schnell genommen. Der Wagen war über den linksseitigen Grünstreifen gerutscht und gegen die Leitplanke der dahinterliegenden Autobahnauffahrt geprallt. Fahrzeugteile und Dreck lagen verstreut über der Fahrbahn.

Sven brachte den Streifenwagen abrupt zum Stehen. Er und Rudi stiegen aus und eilten zum Unfallort. Der Fahrer, ein Mann um die 55 in einem teuren Anzug, war unverletzt, aber sichtlich verstört. Beim Atemalkoholtest zeigte sich ein Wert von 0,4 Promille – nicht genug, um bei einer normalen Kontrolle weitere Maßnahmen zu rechtfertigen. Doch in Verbindung mit einem Verkehrsunfall erwarteten ihn nun eine Blutprobe, eine Geldstrafe und der Entzug des Führerscheins.

Sven warf einen Blick auf den zerstörten Wagen und schüttelte den Kopf. Die Lektion war eindeutig: Technische Unterlegenheit allein war noch kein Grund, eine Verfolgung sofort abzubrechen – manchmal entschieden andere Faktoren.

Zurück in der Gegenwart, mit dem Amokfahrer irgendwo voraus, wusste Sven: Diese Verfolgung war nicht nur eine Frage der Fahrzeugbeherrschung, sondern eine Frage der psychischen Haltung, der Kontrolle über das Fahrzeug und über die eigenen Emotionen. Sven war fest entschlossen, heute zu tun, was zu tun war und er wusste, seine Zeit würde in wenigen Minuten kommen. Eine solch krasse Flucht erzeugte beim Flüchtigen einen Druck, dem niemand gewachsen war und schon in wenigen Minuten würde er katastrophale Fehler machen. Alles andere gab es nur in Filmen.

Der überfällige Hummer

Es war früher Abend. Siggi witzelte noch mit Sven über den Mann, der am Vortag versucht hatte, vor ihnen zu flüchten – ein unvergesslicher Einsatz. Der Grund für seine Flucht? Er kam von einer privaten Feier und war noch als Transvestit verkleidet. Während Siggis Bauch vor Kichern bebte, näherte sich ein Hummer ihrer Kontrollstelle. Ein Fahrzeug wie ein Range Rover, nur stabiler und schwerer.

Der Verkehr war ruhig, und eine leichte Brise trug den Geruch von feuchtem Asphalt mit sich. Statt des regulären Anhaltestabs benutzte Siggi dienstlich unzulässig einen roten, oben konisch zulaufenden Aufsatz für seine Maglite-Stablampe. Damit sah er aus wie ein Fluglotse auf dem Rollfeld. Doch der Hummer zeigte keinerlei Absicht, anzuhalten. Stattdessen lenkte der Fahrer das schwere Fahrzeug über das Gelände einer nachts geschlossenen Tankstelle und fuhr in entgegengesetzter Richtung wieder davon.

Sven reagierte sofort. Der längst automatisierte Ablauf aus Motorstart, Notruf, Blaulicht, Kickdown und Anschnallen lief in Sekunden ab.

„Das ist ein verdammt schwerer Hummer, ein H2", kommentierte Siggi trocken, während er sich auf den Beifahrersitz setzte. „Den kriegen wir." Sven trat das Gaspedal durch, und der Streifenwagen setzte sich mit einem leisen Aufheulen in Bewegung.

Der Hummer, trotz seines massiven Aufbaus erstaunlich wendig, nahm eine langgezogene Kurve mit beeindruckender Geschwindigkeit. Doch Sven holte auf und hielt den Streifenwagen jederzeit unter Kontrolle. Sein Ziel war klar: den Fahrer so bald wie möglich zu stoppen.

„Wo will der hin?" murmelte Siggi, während sie das fliehende Fahrzeug im Auge behielten. Der Hummer bog abrupt rechts ab und steuerte ein Gelände voller Gebrauchtwagen an. Als Sven und Siggi ebenfalls dorthin einbogen, sahen sie einen Mann mittleren

Alters in dunkler Kleidung, der bereits ausgestiegen war und eine Gaststätte betrat, die etwa 30 Meter entfernt war.

„Lass ihn laufen", sagte Siggi, der die Situation mit erfahrenem Blick abwägte. „Das bringt nichts, in so eine volle Gaststätte reinzustürmen. Die sehen da doch alle gleich aus. Wir haben sein Auto."

Sven nickte und parkte den Streifenwagen direkt neben dem Hummer. Beide stiegen aus und musterten das Fahrzeug. Die Tür stand offen, der Schlüssel steckte im Zündschloss.

„Nicht gerade das typische Fluchtverhalten", bemerkte Sven und umrundete den Wagen prüfend.

„Vielleicht wurde er wegen irgendetwas nervös", überlegte Siggi. „Schauen wir mal, was wir hier haben."

Die beiden durchsuchten das Fahrzeug gründlich, überprüften das Kennzeichen und die Fahrgestellnummer über Funk. Alles schien in Ordnung zu sein – keine Aufbruchspuren, keine Auffälligkeiten. Der Schlüssel passte, der Wagen war sauber. Sven stellte auch die ordnungsgemäß angebrachte Umweltplakette auf der Frontscheibe fest. „Umweltplakette? Sven, denkst Du, der wäre nur wegen 100 Euro Bußgeld geflüchtet?", fragte Siggi.

Fünf Minuten später war die Kontrolle fast abgeschlossen, als Sven aus dem Augenwinkel eine Bewegung wahrnahm.

„Da kommt er", sagte Siggi, als der Mann aus der Gaststätte trat. Langsam und zögernd näherte er sich, die Hände tief in den Taschen vergraben, den Blick auf den Boden gerichtet. Er wirkte sichtlich zerknirscht.

Sven und Siggi traten ihm entschlossen entgegen.

„Na, wen haben wir denn da?" fragte Siggi streng. „Das ist Ihr Fahrzeug?"

Der Mann nickte, sichtlich verunsichert. „Ja... es tut mir leid, ich bin einfach abgehauen."

„Warum?" fragte Sven scharf, aber mit aufrichtigem Interesse. „Warum sind Sie vor uns geflüchtet?"

Der Mann atmete tief durch, zog seinen Führerschein, Fahrzeug-schein und seinen Personalausweis aus der Tasche und reichte sie den Polizisten. „Mein TÜV ist seit zwei Monaten abgelaufen. Ich hatte Angst, Ärger zu bekommen."

Sven und Siggi tauschten einen ungläubigen Blick.

„Zwei Monate?" fragte Sven und bemühte sich, seine Überra-schung zu verbergen. „Und dafür riskieren Sie eine Verfolgungs-fahrt?"

„Ja...", stammelte der Mann. „Ich weiß, das war dumm. Ich hatte Panik."

Siggi schüttelte langsam den Kopf und seufzte. „Manchmal frage ich mich, was die Leute sich dabei denken."

Sven schüttelte den Kopf und setzte die Überprüfung fort. Der Mann hatte alle erforderlichen Dokumente dabei, der Führer-schein war gültig, und sowohl der Atemalkoholtest als auch der Drogenschnelltest lieferten negative Ergebnisse. Alles war in Ord-nung – abgesehen von dem überfälligen TÜV.

> **Der Fluchtgrund steht oft nicht in Relation zu den Gefahren einer Flucht.**

Als sie den Mann freundlich, aber bestimmt darüber belehrten, welche Konsequenzen sein Verhalten hätte haben können, dachte Sven unweigerlich über die Lektion nach, die er aus diesem Vorfall zog. Menschen flüchteten aus den absurdesten Gründen. Hier war es ein überfälliger TÜV, der den Mann zu einer völlig irrationalen Entscheidung getrieben hatte. Der Grund für die Flucht stand in keinem Verhältnis zu den Risiken und Gefahren einer Verfolgungsfahrt.

Sven musste sich eingestehen, dass es oft keine logischen Erklärungen für solche Handlungen gab. In der Hitze des Moments, wenn Panik und Angst die Oberhand gewannen, reagierten Menschen auf Arten, die er sich niemals hätte vorstellen können.

Zurück in der Gegenwart, während Sven den immer neuen Funkmeldungen lauschte, wurde ihm klar, wie tief er diese Lektion im Laufe der Jahre verinnerlicht hatte. Auch wenn bei einem Amokfahrer ein Abbruch der Verfolgung keine Option war, blieb es Svens oberste Aufgabe, ruhig und überlegt zu handeln.

Egal, wie absurd der Grund für das Verhalten des Täters erscheinen mochte – der ursprüngliche Beweggrund konnte vielschichtig sein: politisch, extremistisch oder von einem psychotischen Schub motiviert. Ebenso gut konnte es jedoch eine Verkettung von Alkohol, Geldsorgen, einem unbeabsichtigten Verkehrsunfall und der sich daraus resultierenden Spirale einer „Jetzt-ist-mir-auch-al-les-egal"-Haltung sein.

19:52 Uhr
Der erste Kontakt

Das Dröhnen des Motors und die hektischen Funkmeldungen erfüllten den Streifenwagen, während das Blaulicht in den Fenstern der Häuser, an denen sie vorbeirasten, reflektierte. „Verdächtiger flüchtet mit hoher Geschwindigkeit auf der Landstraße 113 Richtung Norden!" Svens Herzschlag blieb ruhig. Im Gegensatz zu den schnellen, fast atemlosen Stimmen im Funk konzentrierte er sich voll und ganz.

„Die 113 ist nicht weit weg", sagte Fabian, der sich in seinen Sitz presste, die Anspannung deutlich spürbar.

Sven nickte knapp. In seinem Kopf formten sich die ersten Pläne für die Verfolgung mit Sichtkontakt. Geschwindigkeit, Abstand, Straßenzustand, Sichtbereich, andere Verkehrsteilnehmer – all diese Variablen mussten perfekt zusammenspielen.

Als sie die Aktienstraße erreichten und auf die L113 abbiegen wollten, kam die nächste Meldung über Funk: „Flüchtiger jetzt in Höhe Aktienstraße. Wir benötigen ein schnelleres Einsatzfahrzeug. Unser Vito ist zu langsam für die Verfolgung auf der Landstraße."

Fabians Gesicht wurde vor Anspannung knallrot. In diesem Moment raste der gesuchte Audi mit stark überhöhter Geschwindigkeit von rechts nach links an ihnen vorbei. Der meldende Vito war mehrere Sekunden hinter dem Flüchtigen.

Svens Gedanken liefen wie ein präzises Uhrwerk. Er brachte den Streifenwagen in Position, doch es war bereits zu spät, um sich zwischen den Vito und den Flüchtigen zu setzen. Er wusste, dass er den Vito später überholen musste.

Sobald der Vito in voller Fahrt die Einmündung passiert hatte, lenkte Sven ebenfalls auf die L113 und beschleunigte. Der Wagen schoss vorwärts, und Sven spürte, wie wichtig es jetzt war, seine Atmung bewusst zu kontrollieren. Er wusste, dass er nur dann in seinem optimalen Handlungsbereich blieb, wenn er die aufkommende Erregung im Zaum hielt.

Die Sekunden schienen sich zu dehnen, während der Streifenwagen an Geschwindigkeit gewann. Schon bald hatten sie den Vito beinahe eingeholt, als dessen Besatzung über Funk drängte: „Überholt ihr jetzt endlich, oder wartet ihr auf was Bestimmtes? Wofür habt ihr denn einen BMW?"

Sven schätzte die Situation ab und setzte zum Überholen an. Es schien der richtige Moment – bis sie sich der Kreuzung näherten. Die Bebauung reichte bis an die Gehwege, und die Ampel vor ihnen zeigte Rotlicht. Der Audi, der Flüchtige, raste ungebremst über die Kreuzung, ignorierte das Signal völlig.

„Das wird gleich grün, jetzt überholt doch endlich!" schallte es gereizt aus dem Funkgerät.

Sven trat auf die Bremse und zog sich hinter den Vito zurück. Instinktiv wusste er, dass ein Überholmanöver jetzt zu riskant war. In seinem Kopf blitzte eine Erinnerung auf – eine Fahrt aus seiner frühen Dienstzeit, die beinahe katastrophal geendet hätte...

65

Wenn ABS nicht mehr helfen kann

Der Heulton des Martinshorns durchschnitt die morgendliche Stille der Mellinghofer Straße, während Polizeimeister Sven das Lenkrad fest umklammerte. Seine Fingerknöchel waren weiß vor Anspannung, und das Adrenalin pumpte wild durch seine Adern. „Eilfahrt", murmelte er zu sich selbst, als könnte er damit seine Nervosität lindern. Die Funkmeldung war eindeutig gewesen:

Schlägerei mit etwa zehn Personen. Ein Einsatzwagen war bereits vor Ort und rief lautstark um Unterstützung. Es war sein erster selbstgefahrener Einsatz mit Blaulicht und Martinshorn – der Druck war ungewohnt und überwältigend. Sein Magen zog sich zusammen, als er die Geschwindigkeit erhöhte.

„Wir müssen schnell da sein!", dachte er, während die Gebäude an der Straße in immer kürzeren Abständen an ihm vorbeiflogen. Der Wind drang durch das leicht geöffnete Seitenfenster und vermischte sich mit dem Heulen der Sirene. Sven spürte, wie das Fahrzeug leicht vibrierte, während es weiter beschleunigte.

Ein Blick auf den Tacho – 90 km/h in der Stadt. Sven spürte das Ziehen in der Magengegend, das ihm die Geschwindigkeit und das damit verbundene Risiko schmerzlich bewusst machte. Angst und Adrenalin mischten sich in ihm, verstärkt durch das aufdringliche Dröhnen des Martinshorns. „Bin ich zu schnell?" schoss es ihm durch den Kopf, doch er wusste, dass ein Abbremsen keine Option war. Vor ihm zeichnete sich eine Kreuzung ab, deren Sicht durch die dichte Bebauung stark eingeschränkt war. Die Ampel zeigte Rot.

„Vielleicht wird sie grün, bevor ich dort bin", dachte er, während sein Herz hämmerte und seine Hände leicht zitterten. Er wusste, dass er keine gute Sicht auf den Querverkehr hatte, und trotzdem drückte er weiter auf das Gaspedal. „Die Kollegen machen das doch auch immer so", redete er sich ein, aber die Unsicherheit nagte an ihm.

Als er der Kreuzung gefährlich nah kam, entschied er sich, zu bremsen. Er kalkulierte 80 Meter Bremsweg für die 90 km/h ein.

Die Reifen quietschten auf dem Asphalt, das ABS ratterte, während der Wagen abrupt langsamer wurde und auch genau auf der Haltlinie zum Stillstand kommen würde. Doch im Augenwinkel blitzte plötzlich etwas auf – ein Motorradfahrer, der aus der Seitenstraße von rechts schoss. Sven sah ihn im letzten Moment.

„Nein!", schrie er, als sein Herz einen Schlag aussetzte. Der Motorradfahrer war offenbar unsicher, ob der Streifenwagen noch vor dem Einmündungsbereich zum Halten kommen oder mit ihm kollidieren würde. Mit panischen Augen bremste der Fahrer hart, das Vorderrad begann zu wackeln, und die Maschine schlingerte gefährlich hin und her. Sven sah alles wie in Zeitlupe: den Mann, der verzweifelt um die Kontrolle kämpfte, den starren Blick unter dem Helm, die Gefahr, die jede Sekunde größer wurde.

Sekunden, die wie eine Ewigkeit erschienen, vergingen. Der Fahrer pendelte gefährlich zur Seite, doch im letzten Moment fing er das Motorrad ab und fuhr weiter, sichtlich erschüttert. Für Sven schien die Zeit stillzustehen. Sein Puls dröhnte in seinen Ohren, sein Atem kam stoßweise. „Das hätte schiefgehen können", wiederholte er innerlich immer wieder.

Langsam löste er seine verkrampften Finger vom Lenkrad. Die Knöchel schmerzten, und die Realität des Moments setzte plötzlich ein. „Verdammt", murmelte er leise. Sein Magen fühlte sich schwer an, und sein Kopf war voller Gedanken. „Hätte ich langsamer fahren sollen? Hätte ich die Ampel abwarten müssen?" Die Unsicherheit breitete sich in ihm aus wie ein kalter Schauer.

Er musste weiter. Der Einsatz wartete. Mit einer schweren Last auf den Schultern setzte er den Wagen wieder vorsichtig in

Bewegung, schaltete das Martinshorn aus und fuhr langsamer. Doch die nagenden Gedanken blieben. „Das hätte schiefgehen können. So knapp." Der Moment würde ihm in den kommenden Tagen nicht aus dem Kopf gehen.

Sven wusste jetzt, dass er eine wichtige Lektion gelernt hatte.

Fahre mit einer Sicherheitsreserve!

Es gab eine feine Linie zwischen richtigem Handeln und Übermut. „Nächstes Mal werde ich besser vorbereitet sein", dachte Sven und atmete tief durch. Tief in seinem Inneren blieb die Erkenntnis, dass es immer Zufall und Unvorhergesehenes geben würde, aber er den Teil nutzen wollte, auf den er Einfluss hatte.

Jetzt, bei Erreichen der Kreuzung wechselte die Ampel tatsächlich auf Gelb- und dann auf Grünlicht. Fabian schaute zu Sven, und Sven nickte. Damit die Kollegen im Vito ihre Fahrweise anpassen konnten sprach Fabian ins Funkgerät: „**Wir überholen – jetzt**".

Sven trat das Gaspedal durch und der Vito wurde gleichzeitig langsamer. Der BMW dagegen schoss voran. Aber sie hatten den Sichtkontakt zum Flüchtigen verloren. Dennoch war es wahrscheinlich, dass er ohne einen für sich ausreichenden Sicherheitsabstand zur Polizei in keinen der Feldwege auf den nächsten Kilometern abbiegen und die Landstraße verlassen würde – es sei denn er dachte, die Polizei würde ihn nicht abbiegen oder auf dem Feldweg selbst sehen – wie damals den Porsche 911 Turbo S, der freiwillig in die Sackgasse fuhr.

Daher konzentrierte Sven sich nun darauf, so zügig wie möglich zu fahren und so bei maximaler Fahrzeugbeherrschung den Flüchtigen schnell wieder ins Sichtfeld zu bekommen.

Der Streifenwagen jagte mit Höchstgeschwindigkeit über die Landstraße. Der Flüchtige hatte bereits einen großen Vorsprung, und Sven wusste, dass es nur eine Frage von Sekunden war, bis er außer Sichtweite abbiegen konnte. Er musste den Sichtkontakt wiederherstellen, um nicht vollständig den Anschluss zu verlieren.

Der aufgehende Mond warf trostloses Licht auf die Fahrbahn, während die Sirene des Einsatzwagens durch die Stille der Landschaft schnitt.

„Wie weit ist er voraus?" Fabian, Svens Beifahrer, scannte die Umgebung, seine Augen huschten suchend über den Straßenrand. „Er kann nicht mehr weit sein", murmelte er, den Blick fest auf den Horizont gerichtet.

Sven hielt den Streifenwagen auf der geraden Strecke in hoher Geschwindigkeit, doch er ließ eine Sicherheitsreserve. Ein Unfall war keine Option – nicht nur wegen der offensichtlichen Konsequenzen, sondern weil er gebraucht wurde, um den Flüchtigen zu stoppen. Der Druck, den Flüchtigen wieder ins Blickfeld zu bekommen, lastete schwer auf ihm. Jede Sekunde zählte, jeder Fehler konnte den entscheidenden Nachteil bringen. Sven wusste: Ein unbedachtes Fahrmanöver, und die Chance, den Flüchtigen zu stellen, wäre dahin.

Plötzlich, wie aus dem Nichts, tauchte eine unerwartete Gefahr auf: Ein Fuchs! Das Tier schoss aus der Dunkelheit der Büsche hervor, sprintete in wilder Panik über die Straße.

Sven war auf so etwas vorbereitet. Sein Fuß raste zum Bremspedal und trat es schlagartig mit voller Kraft durch, ohne einen Augenblick zu zögern. Sven spürte, wie der Druck im Bremssystem hochschnellte. Das Antiblockiersystem (ABS) setzte ein, die Vibrationen pulsierten unter seinem Fuß, während der Wagen abrupt verzögerte. Trotz der Kontrolle durch das ABS wusste Sven, wie kritisch die Situation war – selbst die kleinste Unwucht in den Reifen könnte den Wagen instabil machen.

„Achtung!", schrie Fabian, als der Fuchs weniger als einen Meter vor der Motorhaube die Fahrbahn überquerte. Fabian hielt sich reflexartig am Armaturenbrett fest. Der Streifenwagen fuhr knapp an dem Tier vorbei, das mit einem Satz die andere Straßenseite erreichte.

Das Pulsieren des ABS ebbte ab, und Sven spürte, wie der Wagen sich stabilisierte. Sein Herz pochte heftig, doch seine Hände blieben fest am Lenkrad. Keine Panik. Kein Wanken. „Alles unter

Kontrolle", sagte er mit einer Ruhe, die mehr Selbstdisziplin als echtes Empfinden verriet.

Mit einem sanften Druck aufs Gaspedal brachte er den Wagen wieder auf Tempo. „Wieder im Spiel", dachte Sven, während sein Fokus sich erneut auf die Straße und den Flüchtigen richtete.

Ein gefährlicher Audi am Horizont

Plötzlich riss Fabians aufgeregte Stimme Sven aus seinen Gedanken. „Ich sehe ihn! Da vorne, ein schwarzer Audi!" Reflexartig folgte Sven Fabians Fingerzeig. Tatsächlich blitzte am Horizont ein dunkles Fahrzeug auf.

Sven musterte die Situation mit geübtem Blick, blieb jedoch besonnen. Er hielt die Geschwindigkeit konstant, den Einsatzwagen sicher unter Kontrolle. „Das muss er sein", murmelte er, während der Wind um das Auto zischte und die Sirene schrill durch die Nacht heulte. Der Abstand zum vermeintlichen Zielwagen schrumpfte schnell, zu schnell, und mit jedem zurückgelegten Meter wuchs Svens Skepsis. Irgendetwas stimmte nicht.

Dann sah er den Fehler. „Verdammt, das ist nicht der Audi", knurrte er, die Enttäuschung in seiner Stimme unterdrückt. Fabian fluchte leise, ebenfalls frustriert. Es war ein anderes Audi-Modell, und auch das Kennzeichen stimmte nicht. Der Wagen vor ihnen fuhr mit 68 km/h – knapp unter dem Tempolimit, aber angesichts ihrer Eile fühlte es sich an wie Stillstand.

Die Zeit drängte. Jeder Moment, den sie verschwendeten, gab dem echten Flüchtigen die Chance, außer Reichweite zu gelangen. „Wir müssen vorbei", sagte Sven entschlossen und setzte zum

Überholen an. Er beschleunigte auf 110 km/h, doch kaum hatte er das Manöver eingeleitet, tauchte Gegenverkehr am Horizont auf. Svens Instinkt und seine Wegzeitberechnung machten sofort klar: Es würde nicht reichen.

„Nicht jetzt", dachte er und sein Fuß ging in Richtung Bremspedal, um abzubrechen und dicht hinter dem Vorausfahrenden bleiben zu können, bis der Gegenverkehr passiert haben würde. Doch es sollte anders kommen: Der Vorausfahrende bemerkte in diesem Moment das heranrasende Polizeiauto. Statt besonnen zu bleiben, trat er panisch auf die Bremse.

„Scheiße!", rief Sven, als der Abstand bedrohlich schrumpfte! Ohne zu zögern, löste er den Fuß von der Bremse und riss das Lenkrad hart nach links. Der Streifenwagen schoss in einem Schlenker auf die Gegenfahrbahn.

„Pass auf!", rief Fabian, die Hände verkrampft am Armaturenbrett. Der Wagen geriet ins Schlingern. Svens Training übernahm: es folgte ein kontrollierter Einschlag nach rechts, die Reifen quietschten protestierend. Das Fahrzeug schwankte, doch Sven hielt es unter Kontrolle und zog mit knapper Not am bremsenden Audi vorbei.

Jetzt war der Gegenverkehr gefährlich nah, weniger als zwei Sekunden bis zum Frontalzusammenstoß. Sven fokussierte sich, riss das Lenkrad erneut nach rechts und zwang das Fahrzeug mit einem finalen Schlenker nach links zurück auf die eigene Spur. Eine schnelle Gegenlenkbewegung nach rechts stabilisierte den Wagen, und sie zogen sicher am entgegenkommenden Auto vorbei.

73

Der Schweiß lief Sven über die Stirn, sein Atem war schwer, doch seine Hände blieben ruhig am Lenkrad. Sein Herz schlug wie ein Vorschlaghammer, doch sein Verstand blieb klar. „Dieses S-Manöver", dachte er mit einem Hauch von Erleichterung. Es war genau die Technik, die er in den unzähligen Fahrsicherheitstrainings perfektioniert hatte – die kontrollierte Kombination aus Ausweichen, Korrigieren und Stabilisieren. Heute hatte sie ihm und Fabian das Leben gerettet.

„Alles okay?", fragte Fabian zögernd, seine Stimme zitterte noch von der Anspannung. Sven nickte, den Blick weiterhin auf die Straße vor ihnen gerichtet. „Ja", sagte er knapp, aber ein Teil von ihm war in Gedanken, bei seinem intensivsten Fahrsicherheitstraining der letzten Jahrzehnte…

Fahrsicherheitstraining

Sven stand mit klopfendem Herzen am Rand des Trainingsgelän-
des. Zwei erfahrene Trainer, Herr Mertens und Herr Herzog,
beide mit grauem Haar und einer Aura von Ruhe und Autorität,
leiteten die Übung. Vor ihnen warteten zwölf Einsatzfahrzeuge,
sauber aufgereiht auf dem glitzernden Asphalt der abgesperrten
Strecke. Die Sonne spiegelte sich auf den Windschutzscheiben,
während die Teilnehmer, allesamt junge Polizisten, erwartungsvoll
und leicht angespannt bei ihren Fahrzeugen standen.

75

Für Sven war dies einer der Tage, von denen er wusste, dass sie ihn nachhaltig prägen würden. Als frisch gebackener Polizeimeister hatte er bereits erste Erfahrungen mit Sonder- und Wegerechtsfahrten gesammelt, doch ihm war bewusst, dass er noch weit davon entfernt war, sein Fahrzeug in Extremsituationen sicher zu beherrschen. Gerade wenn es um das Fahren am Limit ging – dort, wo eine falsche Entscheidung fatale Folgen haben konnte – fühlte er sich unsicher.

Die heutige Trainingssession versprach, genau an diesen Schwächen zu arbeiten. Auf dem Plan standen Kurvenfahrten im Grenzbereich, Bremsmanöver bei Maximalgeschwindigkeit und als Höhepunkt das S-Manöver – eine Technik, die für schnelle, präzise Ausweichbewegungen bei hoher Geschwindigkeit unverzichtbar war. Die Trainer hatten diese Übung bereits als „Königsdisziplin" bezeichnet, und Sven spürte einen Mix aus Vorfreude und Nervosität.

„Alle bereit?", rief Herr Mertens mit fester Stimme, die durch das Gelände hallte. Die jungen Polizisten nickten, während sie sich in ihre Fahrzeuge begaben. Sven setzte sich in seinen Streifenwagen, spürte das vertraute Lenkrad in seinen Händen und hörte das Summen des Motors, als er den Wagen startete. „Heute werde ich an meine Grenzen gehen", dachte er entschlossen. Das Training hatte begonnen.

Der Grenzbereich

Jeder Trainierende war über Funk mit den Trainern verbunden, und Svens erste Kurvenfahrten verliefen glatt. Mit etwa 60 km/h fuhr er über die Strecke, bremste vor den Kurven sanft ab und lenkte den Wagen sicher durch den Verlauf. Das Fahrzeug fühlte sich stabil an, und Sven spürte, wie sich die Bewegungen in sein Gedächtnis einprägten. Doch dann kam der Moment, der ihn aus der Komfortzone locken sollte.

„Jetzt ein bisschen schneller, Sven", kam die Stimme von Herrn Mertens über Funk. „Lass uns sehen, wie du mit dem Fahrzeug umgehst, wenn du die Kurven mit mehr Tempo nimmst. 75 km/h."

Sven atmete tief durch, sein Griff um das Lenkrad wurde fester. Er drückte das Gaspedal kräftiger durch, der Motor heulte auf, und das Auto beschleunigte. Die Kurven flogen ihm entgegen, schneller als zuvor. Es fühlte sich ungewohnt an, beinahe falsch. Der Wagen schien an Stabilität zu verlieren, als die Geschwindigkeit zunahm, aber er vertraute darauf, dass der Wagen sich fangen würde.

Die erste Kurve meisterte er, wenn auch etwas ungelenk. Das Fahrzeug neigte sich zur Seite, doch alles blieb kontrolliert. Aber dann kam die nächste Kurve, enger und anspruchsvoller. Sven erkannte zu spät, dass er die Bremse früher hätte betätigen müssen. Das Heck brach aus, das Auto begann zu driften.

„Vorsicht", meldete sich Mertens über Funk, immer noch ruhig, aber deutlich. „Du verlierst die Kontrolle. Sanft gegenlenken und den richtigen Bremsdruck finden. Erinnere dich: Die physikalischen Gesetze kannst du nicht außer Kraft setzen. Aber du kannst mit ihnen arbeiten."

Svens Herz hämmerte, sein Puls schoss nach oben. Hastig lenkte er gegen, doch das Fahrzeug reagierte träge, beinahe zögernd, als ob es selbst entscheiden müsste, ob es stabil bleiben oder schleudern sollte. Der Moment der Unsicherheit zog sich ins Unendliche, doch schließlich fand der Wagen wieder Halt und stabilisierte sich. Sven schnappte nach Luft. Es fühlte sich wie ein schmaler Grat zwischen Kontrolle und Chaos an, und er war froh, auf der richtigen Seite gelandet zu sein.

„Du warst zu zögerlich", kommentierte Mertens sachlich. „Im Grenzbereich gibt es keinen Platz für Unentschlossenheit. Ein bisschen zu viel oder zu wenig, und das Fahrzeug tanzt dir aus der Hand. Fahr in die nächste Kurve und versuch, ein Stück früher und sanfter zu bremsen."

Sven nickte, obwohl Mertens es nicht sehen konnte. Er biss die Zähne zusammen und bereitete sich mental auf die nächste Kurve vor. Die Zweifel in seinem Kopf schwirrten wie ein Schwarm lästiger Fliegen. Hatte das Erlebnis sein Selbstvertrauen erschüttert oder gestärkt? Er wusste es nicht. Es blieb keine Zeit, diese Frage zu klären – die nächste Kurve kam schneller, als er dachte.

Diesmal handelte er entschlossener. Er trat rechtzeitig auf die Bremse, hielt das Lenkrad fester und bewegte es ruhiger. Das Fahrzeug folgte seiner Eingabe besser, auch wenn der Nervenkitzel ihn nicht losließ. Er wusste, dass er noch lange nicht am Ziel war, aber der Fortschritt war spürbar.

„Gut, besser", lobte Mertens über Funk. „Das war ein solider Ansatz. Aber jetzt gehen wir zum nächsten Schritt über. Peter übernimmt. Bei mir habt ihr gelernt, zu bremsen. Bei Peter lernt ihr, zu fahren."

Die Stimme wechselte, und Herr Herzog, den alle „Peter" nannten, übernahm die Leitung. Sven atmete tief durch, seine Hände am Lenkrad spürten den Nachhall der Herausforderung. Noch war der Tag nicht vorbei – die schwierigsten Lektionen lagen noch vor ihm.

Das S-Manöver

Peter Herzog, ein stämmiger Mann mit kurz geschorenem Haar und einem ruhigen, fast stoischen Auftreten, stand vor der Gruppe. Als ehemaliger SEK-Fahrlehrer hatte er eine beeindruckende Präsenz, die dafür sorgte, dass die Teilnehmer sofort aufmerksam wurden. Seine Stimme war klar und fest, als er begann: „Bevor wir zur Maximalbremsung kommen, machen wir etwas anderes. Ihr werdet das sogenannte S-Manöver lernen."

Er ließ die Worte kurz wirken, bevor er fortfuhr: „Dieses Manöver simuliert eine Situation, in der ihr so schnell auf ein vorausfahrendes Fahrzeug zufahrt, dass Bremsen allein nicht mehr ausreicht. Stattdessen müsst ihr ausweichen, das Fahrzeug überholen oder am Hindernis vorbeifahren und so schnell wie möglich wieder in eure ursprüngliche Spur zurückkehren."

Peter ging zu einem der Fahrzeuge und bedeutete drei Teilnehmern, darunter Sven, einzusteigen. „Ich zeige euch das jetzt einmal", sagte er. „Beobachtet genau, wie ich lenke und anschließend

79

kurz gegenlenke. Das ist der Schlüssel, um das gefährliche Aufschaukeln des Fahrzeugs zu vermeiden und die Bodenhaftung zu sichern."

Sven setzte sich auf den Beifahrersitz, während zwei weitere Teilnehmer auf der Rückbank Platz nahmen. Peter startete den Motor, legte den Gang ein und fuhr an. Die Beschleunigung war zügig, und das Fahrzeug erreichte schnell 60 km/h. „Das hier ist eine typische Geschwindigkeit im städtischen Einsatz", erklärte Herzog mit ruhigem Ton. „Und jetzt passiert Folgendes: Vor uns taucht plötzlich ein Hindernis auf – in diesem Fall die Pylonen. Bremsen allein reicht nicht."

Mit einem schnellen Ruck riss Peter das Lenkrad nach links. Das Fahrzeug wechselte blitzartig die Spur, schoss an den Pylonen vorbei und befand sich auf der linken Fahrbahn. Sven spürte, wie das Auto gefährlich schwankte. Doch bevor sich das Aufschaukeln fortsetzen konnte, lenkte Herzog präzise in die Gegenrichtung, stabilisierte den Wagen und führte ihn hinter dem Hindernis zurück auf seinen ursprünglichen Fahrstreifen.

Die gesamte Bewegung war rasant und gleichzeitig so kontrolliert, dass es fast mühelos wirkte. Peter stoppte das Fahrzeug abrupt und wandte sich an seine Mitfahrer. „Seht ihr, wie das Aufschaukeln verhindert wurde?", fragte er, seine Stimme ruhig, aber eindringlich.

Er öffnete die Tür, stieg aus und wies auf die Pylonen. „Das Ausweichmanöver erfordert genau **acht Lenkbewegungen**. Zuerst lenkt ihr lang nach links, um die Richtung zu ändern, dann kurz nach rechts, um das Fahrzeug zu stabilisieren. Danach folgt ein langes Lenken nach rechts, um parallel am Hindernis vorbeizufahren, gefolgt von einem kurzen Gegenlenken nach links. Wenn ihr am Hindernis vorbei seid, wiederholt ihr dasselbe in umgekehrter Richtung, um zurück in eure Spur zu gelangen."

Sven nickte langsam, während er das Gezeigte im Kopf durchging. Acht Lenkbewegungen, jede mit Präzision und dem richtigen Timing – es war kein einfacher Ablauf, doch die Ruhe und Sicherheit, mit der Peter ihn ausführte, ließen ihn hoffen, dass er es lernen könnte. „Okay", sagte Peter, und ein leichtes Lächeln spielte um seine Lippen. „Euer Turn. Zeigt mir, was ihr könnt."

Aufschaukeln wird durch kurze Gegenlenkbewegungen neutralisiert.

„Denkt daran: Wenn euer Fahrzeug zu sehr aufschaukelt, verliert ihr zunehmend den Bodenkontakt, und das kann gefährlich werden."

Sven, der die mühelose Präzision und Ruhe in Peters Manöver bewunderte, nickte. Er hatte schon oft gehört, wie wichtig das richtige Gegenlenken war, aber es selbst zu erleben, zeigte ihm erst die volle Komplexität der Situation.

„Versucht, es genauso zu machen. Nicht hektisch werden – das ist der Schlüssel. Außen hart, innen smart.", forderte Peter die Gruppe auf.

Die Maximalbremsung

Nachdem alle Teilnehmer das S-Manöver erfolgreich gemeistert hatten, wurde eine kurze Pause eingelegt. Einige unterhielten sich leise, andere griffen zu ihren Wasserflaschen. Dann trat Herr Mertens wieder vor die Gruppe. Seine Stimme war gewohnt ruhig, doch sein Tonfall ließ keinen Zweifel daran, dass die nächste Übung ebenso wichtig wie herausfordernd sein würde.

„Jetzt kommen wir zur Maximalbremsung", erklärte er, während er die Teilnehmer zu einer weiteren, markierten Strecke führte. In der Mitte der Strecke glänzte der Asphalt in der Sonne, und gelbe und weiße Markierungen zogen sich wie ein Raster über den Boden.

„Die meisten Menschen", begann Mertens, „gehen beim Bremsen intuitiv vor. Wenn es plötzlich eng wird, drücken sie mehr oder weniger fest aufs Pedal, oft halbherzig. Ihr kennt das aus dem Straßenverkehr: Ihr bremst stark ab, aber nicht mit voller Kraft, und der Wagen verzögert eher gemächlich." Er ließ den Blick über die Gruppe schweifen. „Das machen wir jetzt erstmal genauso. Ihr beschleunigt euer Fahrzeug auf 70 km/h und tretet an der markierten Stelle fest auf die Bremse. Wir messen den Bremsweg."

Sven und die anderen tauschten unsichere Blicke aus. Es klang einfach, aber alle wussten, dass Mertens damit auf etwas hinauswollte. Als Erster nahm Sven die Herausforderung an. Er setzte sich in seinen Wagen, startete den Motor und fuhr los. Die Beschleunigung war vertraut, die Geschwindigkeit stieg auf 70 km/h. Als er die Markierung erreichte, trat er wie gewohnt auf das Bremspedal.

Der Wagen verlangsamte sich, doch Sven spürte, dass es nicht optimal war. Das Fahrzeug schob noch ein gutes Stück nach vorne, bevor es schließlich zum Stehen kam. Er warf einen Blick auf die Markierung, die seine Bremsdistanz zeigte. Sie lag bei knapp 42 Metern – nicht schlecht, aber offensichtlich nicht das Ziel der Übung.

Nachdem alle Teilnehmer ihre erste Runde absolviert hatten, versammelte Mertens die Gruppe um sich. Er deutete auf eine lange Markierung, die den durchschnittlichen Bremsweg darstellte.

„Das hier", erklärte er und strich mit seinem Fuß über den Boden, „ist euer Bremsweg bei einer normalen Bremsung. Zwischen 38 und 49 Metern habt ihr gebraucht – auf trockener Fahrbahn. Hätte es geregnet, könntet ihr mit dem doppelten Bremsweg rechnen. Doch jetzt…"

Mertens stellte rot-weiße Pylonen in einer Entfernung von exakt 30 Metern auf und trat dann mit verschränkten Armen einen Schritt zurück. Seine Stimme war klar und fordernd, als er sich erneut an die Gruppe wandte: „Jetzt werden wir sehen, wie viel besser ihr sein könnt, wenn ihr das Bremspedal richtig nutzt."

Er ließ die Worte wirken, bevor er mit Nachdruck weitersprach: „Diesmal, Leute, wird es anders laufen. Ihr wisst ganz genau, wann ihr bremsen müsst – keine Überraschungen, kein Zögern. Wenn der Moment kommt, tretet ihr das verdammte Pedal ins Bodenblech! Schnell, hart, kompromisslos! Stellt euch vor, ihr zerquetscht eine gepanzerte Wanze, die ihr nie wieder sehen wollt."

Die bildliche Sprache löste ein nervöses Lachen in der Gruppe aus, doch Sven bemerkte, wie die Anspannung wuchs. Mertens ließ seinen Blick über die Teilnehmer schweifen, sein Tonfall wurde ruhiger, fast eindringlich: „Euer Fahrzeug hat ein starkes Bremssystem. Ihr müsst es nur abrufen. Jeder von euch wird gleich erleben, wie viel kürzer ein Bremsweg sein kann, wenn ihr keine halben Sachen macht."

Die Anweisung war so klar wie die Herausforderung, und Sven fühlte, wie sein Herz schneller schlug. „Eine gepanzerte Wanze zertreten", dachte er und wusste, dass er zwar keine Tiere töten wollte, aber dass er dieses Bild gerade deswegen bei einer notwendigen Maximalbremsung nicht mehr vergessen würde.

Die Anweisung war klar, aber ungewohnt. Sven fühlte, wie sich sein Puls beschleunigte. Die Vorstellung, das Pedal mit voller Wucht durchzutreten, war ihm fremd. Was, wenn er zu stark drückte? Konnte er das Bremssystem beschädigen? Mertens hatte diese Fragen offensichtlich kommen sehen. „Ihr könnt das Pedal nicht zerstören", fügte er hinzu. „Die Bremsanlage ist genau dafür gemacht. Eure Aufgabe ist es, die maximale Bremskraft so schnell wie möglich abzurufen. Zögert nicht."

Sven beschleunigte erneut auf die geforderten 70 km/h. Die Strecke zog sich vor ihm, aber die rot-weißen Pylonen rückten schnell näher. Sein Fokus war scharf, die Worte von Mertens hallten in seinem Kopf: **„Schnell, hart, kompromisslos!"** Als er die Markierung erreichte, trat er mit aller Kraft auf das Bremspedal, ohne den geringsten Moment zu zögern.

Das Fahrzeug reagierte sofort. Das ABS setzte ein, die Vibrationen des Pedals waren unter seinem Fuß deutlich spürbar. Der Wagen bremste scharf ab, Sven hielt das Lenkrad mit fester Hand und spürte, wie der Wagen die Balance zwischen Stabilität und maximaler Bremskraft hielt.

Die Pylonen kamen näher – sehr nah. Doch Sven hielt durch, sein Fuß blieb fest auf dem Pedal. Dann, mit einem abrupten Ruck, kam der Wagen zum Stillstand. Die Motorhaube schwebte förmlich über dem ersten Pylon, und mit einem leichten Klacken berührte der Stoßfänger den Pylon an seiner Spitze. Er schwankte kurz, blieb aber stehen. Kein Umfallen, nur eine sanfte Berührung.

Ein Hauch von Schweiß perlte über Svens Stirn, während er die Hände am Lenkrad lockerte. Er war bis auf den letzten Meter an die Grenze gegangen. „30 Meter", rief Mertens, während er zum Pylon ging, der sich noch immer aufrecht hielt. Er nickte Sven zu und kommentierte trocken: „Kräftig draufgelatscht. Gut gemacht, Sven."

Als er ausstieg, war er erleichtert und ein wenig stolz. Auch die anderen Teilnehmer erzielten mit der neuen Technik beeindruckende Ergebnisse – alle lagen zwischen 27 und 31 Metern.

Mertens nickte zufrieden. „Das ist der Unterschied zwischen intuitivem und maximalem Bremsen. Ihr könnt die Gesetze der Physik nicht ändern, aber ihr könnt sie bis an ihre Grenzen ausreizen." Sven wusste, dass er heute eine wertvolle Lektion gelernt hatte – eine, die ihm in einer kritischen Situation das Leben retten konnte.

Der Abschlussparcours:
Sven gegen Jennifer

Als der Tag sich dem Ende zuneigte, gab Mertens der Gruppe eine letzte, besondere Herausforderung: den Abschlussparcours. Es war die ultimative Gelegenheit, alles Gelernte anzuwenden – von präzisen Bremsmanövern über enge Kurven bis hin zum Rückwärtsfahren und schnellem Rangieren. Die Strecke war so gestaltet, dass zwei Fahrer den Parcour gleichzeitig fahren konnten. Er beinhaltete zwei Kreuzungen, an denen sich die Routen der je zwei Fahrer überschnitten. Umsicht und perfektes Timing waren entscheidend, um einen Zusammenstoß zu vermeiden. Jeder Durchgang würde drei bis vier Minuten dauern – ein kurzer, aber intensiver Test.

Sven würde zeitgleich mit Jennifer fahren, einer der ehrgeizigsten und präzisesten Fahrschülerinnen der Gruppe. Sie hatte den Ruf, auch unter Druck gut zu performen, und Sven wusste, dass sie nicht leicht zu schlagen war. Ihre Erfahrung als Privatfahrerin eines AMG und ihre Verbindungen zur Rennfahrerszene machten sie zu einer ernstzunehmenden Gegnerin.

„Bereit, Sven?" fragte Jennifer mit einem herausfordernden Lächeln, als sie nebeneinander in ihre Fahrzeuge stiegen.

Sven grinste. „Mal sehen, wer zuerst im Ziel ist." Doch er wusste, dass es bei dieser Übung nicht allein um Geschwindigkeit ging – Präzision war das eigentliche Ziel. Jede Berührung eines Pylons würde sofort zu Zeitstrafen führen.

Beide Fahrzeuge starteten gleichzeitig, ihre Motoren heulten auf, und Sven spürte, wie das Adrenalin durch seine Adern schoss. Die erste enge Kurve kam schnell näher, und Sven bremste scharf ab, lenkte sauber hinein und hielt das Fahrzeug stabil. Aus dem Augenwinkel sah er, wie Jennifer ihre erste Kurve fast gleichzeitig meisterte. Sie waren gleichauf.

Sven konzentrierte sich auf den Slalom. Die Pylonen standen eng beieinander, und jede falsche Bewegung konnte Sekunden kosten. Er steuerte das Fahrzeug mit präzisen Bewegungen durch die Hindernisse und hörte Jennifers Motor Millisekunden vor seinem eigenen aufheulen. Sie schien genauso konzentriert wie er, und er wusste, dass sie keinen Fehler machen würde.

Am Ende des Slaloms kam die erste Kreuzung. Es war der Moment, in dem ihre Wege sich das erste Mal kreuzen würden. Sven war sich bewusst, dass Timing hier alles war – ein Fehler, und sie kamen gefährlich nah.

Jennifer erreichte die Kreuzung einen Tick vor ihm. Sven bremste leicht ab, ließ ihr den Vortritt und beschleunigte wieder. Ihr Timing war makellos, ihre Manöver wirkten mühelos.

„Nicht schlecht", dachte Sven, während er seinen Wagen in den Rückwärtsgang schaltete. Die nächsten 50 Meter mussten präzise rückwärts gefahren werden. Er hielt den Blick auf die Strecke hinter sich gerichtet und fühlte die Spannung in seinen Händen, die das Lenkrad fest umklammerten. Er sah, dass Jennifer ebenfalls rückwärtsfuhr, fast synchron mit ihm. Es war ein enges Rennen, und sie schienen weiterhin gleichauf zu sein.

Die letzte Herausforderung wartete: eine scharfe 180-Grad-Wende, gefolgt von einem schnellen Rangieren in eine schmale Parklücke. Sven lenkte scharf ein, spürte das Neigen des Fahrzeugs und korrigierte die Richtung mit präzisen Bewegungen. Er brachte den Wagen in die vorgesehene Position und zog die Handbremse.

Als er aufsah, bemerkte er, dass er nur einen Sekundenbruchteil nach Jennifer zum Stillstand gekommen war. Beide Fahrzeuge standen nahezu gleichzeitig perfekt in der Endposition.

Sven stieg aus und atmete tief durch, spürte das Nachbeben der Anspannung in seinen zitternden Händen. Jennifer stieg ebenfalls aus, ihre Stirn glänzte leicht vom Schweiß, aber sie grinste ihn an.

„Unentschieden, oder?" sagte sie lachend und streckte ihm die Hand entgegen.

Sven nahm sie und lächelte zurück. „Sieht so aus. Gutes Rennen."

Mertens trat mit einem zufriedenen Lächeln zu ihnen. „Gut gemacht, ihr zwei. Es geht nicht immer um Geschwindigkeit, sondern um unfallfreies Fahren. Genau das habt ihr heute gezeigt."

Die Erschöpfung des Tages wich langsam einer tiefen Zufriedenheit. Sven wusste, dass er heute nicht nur seine Fähigkeiten erweitert, sondern auch ein Stück seines Selbstvertrauens gefestigt hatte. Allerdings wollte Sven zukünftig nicht nur schnell, sondern auch so am Einsatzort eintreffen, dass er nicht so völlig fertig war wie am Tag des Fahrsicherheitstrainings.

Rückblick und Erkenntnis

Der Tag neigte sich dem Ende zu, und die Teilnehmer versammelten sich ein letztes Mal auf dem Trainingsgelände für eine abschließende Nachbesprechung. Die tief stehende Sonne warf lange Schatten, während Mertens und Herzog die wichtigsten Punkte des Trainings resümierten.

„Ihr habt heute eine Menge gelernt", begann Mertens und ließ seinen Blick über die erschöpfte, aber zufriedene Gruppe schweifen. „Fahren im Grenzbereich, das S-Bremsmanöver, das Vermeiden des Aufschaukelns und die Maximalbremsung. Diese Techniken sind nicht nur Theorie – sie können euch im Einsatz das Leben retten. Außerdem solltet ihr regelmäßig zum Training kommen."

Herzog trat vor, seine Präsenz wie immer ruhig, aber eindringlich. „Im Einsatz", sagte er, „habt ihr oft nur einen Augenblick Zeit, um zu reagieren. Die Techniken, die ihr heute gelernt habt, müssen euch irgendwann in Fleisch und Blut übergehen. Denn wenn es ernst wird, gibt es keine zweite Chance."

Svens Gedanken verweilten lange bei diesen Worten. Der Tag war mehr gewesen als nur ein Training – es war eine intensive Auseinandersetzung mit seinen Fähigkeiten und seiner Selbstwahrnehmung. Er hatte nicht nur gelernt, das Fahrzeug besser zu kontrollieren, sondern auch, wie wichtig es war, die Kontrolle über sich selbst zu behalten. **Ruhe bewahren. Auf das Antrainierte und die eigenen Fähigkeiten vertrauen.**

Auf dem Heimweg fühlte er sich erschöpft, doch zugleich zufrieden. Die Herausforderungen, die er gemeistert hatte – das S-

Bremsmanöver, die Maximalbremsung, das präzise Rangieren im Parcours – hatten ihm gezeigt, dass er besser war, als er sich zugetraut hatte. Doch es war auch klar, dass dies nur der Anfang war. In den kommenden Jahren würde er weiter an sich arbeiten müssen. Noch war er nicht perfekt, aber das ging auch gar nicht. Es reichte, jeden Tag ein bisschen besser zu werden.

Er dachte an Jennifer und ihr Grinsen, als sie ihm nach dem Parcours die Hand gereicht hatte. Ein freundlicher Wettkampf, aber auch eine stille Erinnerung daran, dass der Weg immer weitergeht. Sven wusste, dass er bereit war, ihn zu gehen – mit jedem gefahrenen Kilometer, mit jedem Trainingstag.

19:53 Uhr
Entscheidung unter Druck

Noch immer keine Spur vom schwarzen Audi. Die nächste Funkmeldung ließ Svens Herz einen Moment schneller schlagen: „Beinahe-Unfall mit schwarzem Audi, bekanntes Kennzeichen, Schweigelstraße 18, Fahrtrichtung Rhein." Verdammt, wie konnte er so schnell dort sein? Der Fahrer hatte offenbar seinen Vorsprung geschickt genutzt und war doch ungesehen über einen Feldweg gefahren. Ein Risiko, das sich ausgezahlt hatte.

Sven überlegte nicht lange. Er trat auf die Bremse, brachte den Streifenwagen mit einem kurzen Ruck zum Stehen und wendete. Der Motor heulte auf, als er beschleunigte. Der Plan war klar: Sie mussten ihn abfangen, bevor er die nächste Fluchtmöglichkeit erreichte.

Fabian wirkte einen Moment verwirrt, verstand dann aber, was Sven vorhatte. Er warf ihm einen Seitenblick zu. „Wir fahren schon ziemlich lange mit Martinshorn", sagte er und klang nachdenklich. „Das ist ungewohnt."

Sven überlegte kurz. Er wusste, dass längere Sonder- und Wegerechtsfahrten – besonders Verfolgungsfahrten – körperlich und mental fordernd waren. Die ständige Konzentration, die schnellen Entscheidungen und das Risiko, einen Fehler zu machen, führten oft zu Ermüdung. Doch es wurde ihm schnell klar, dass Fabian etwas anderes meinte.

„Wir fahren jetzt schon wochenlang zusammen", fuhr Fabian fort. „Aber das mit den Sonderrechten und Wegerechten finde ich immer noch ... na ja, irgendwie suspekt."

„Gut, dass du das ansprichst", sagte Sven, während er das Lenkrad sicher durch eine leichte Kurve zog. „Und jetzt schalten wir das Martinshorn und Blaulicht aus." Ohne hinzusehen, betätigte er die entsprechenden Schalter. Die Sirene verstummte, und das Blaulicht erlosch. „An dieser Stelle machen wir eine Ausnahme und geben dem Fahrer keinen unnötigen Hinweis darauf, dass wir ihm nahe sind. Hier ist der Verkehr so minimal, dass wir auch ohne Blaulicht und Martinshorn sicher schnell fahren können."

Fabian zog die Augenbrauen zusammen. „Aber ohne Blaulicht darfst du doch gar nicht so schnell fahren, oder?"

Sven konnte sich ein leichtes Lächeln nicht verkneifen. „Die Regeln sind eindeutig", sagte er ruhig. „Aber sie geben uns auch Spielraum. Es geht darum, taktisch klug zu handeln – und dabei die Sicherheit immer im Blick zu behalten."

Für ihn waren solche Fragen längst keine Unsicherheitsfaktoren mehr. Die rechtlichen und taktischen Prinzipien waren ihm in Fleisch und Blut übergegangen, wie ein innerer Kompass, der in jeder Situation den Weg wies. Doch er verstand, warum Fabian noch mit einigen Aspekten haderte. Jeder Polizist brauchte Zeit, um diese Lektionen zu verinnerlichen.

Während sie auf die Schweigelstraße zusteuerten, dachte Sven an die vielen Trainingstage zurück, an denen er die Grundlagen für Sonder- und Wegerechtsfahrten gelernt hatte – und wie sie ihn darauf vorbereitet hatten, auch in der Hitze des Gefechts immer die richtige Entscheidung zu treffen.

Rettungsgasse

Der junge Sven saß am Steuer eines Streifenwagens, den Blick konzentriert auf die dicht befahrene Straße vor sich gerichtet. Neben ihm saß Karsten, sein erfahrener Tutor, der Sven während seiner letzten Praktikumstage in die Feinheiten des Polizeialltags einführte. Es war ein gewöhnlicher Vormittag, doch der Verkehr machte jede Fahrt zur Geduldsprobe. Ihr Ziel: ein Unfallort. Es handelte sich um keinen akuten Notfall, aber eine schnelle Ankunft wäre hilfreich, um den Verkehrsfluss wiederherzustellen.

„Sven, was denkst du?" fragte Karsten plötzlich, als sie in eine überlastete Straße einbogen. „Dürfen wir hier Sonderrechte in Anspruch nehmen?"

Sven zögerte einen Moment. Seine Gedanken rasten, während er sich an die theoretischen Grundlagen erinnerte. „Ich schätze, dass wir das jetzt nicht dürfen," antwortete er schließlich unsicher.

Karsten nickte leicht, doch seine Augen verrieten, dass er mit der Antwort nicht zufrieden war. „Richtig, aber nicht präzise genug. **Sonderrechte** dürfen wir nur dann nutzen, wenn es **zur Erfüllung unserer hoheitlichen Aufgaben dringend geboten** ist. Das ist hier vermutlich noch nicht der Fall. Das bedeutet: Wir halten uns weiterhin an die Straßenverkehrsordnung. Kein Überfahren von roten Ampeln, keine überhöhte Geschwindigkeit und schon gar nicht das Befahren einer Einbahnstraße in falscher Richtung."

Während Karsten sprach, näherten sie sich langsam der Unfallstelle. Doch die Situation wurde zusehends komplizierter. Ein massiver Rückstau blockierte die gesamte Kreuzung, und die Fahrzeuge standen dicht gedrängt. Karsten schaltete das Blaulicht ein und deutete Sven an, den Gegenverkehr vorsichtig zu passieren.

„Da sind Sonderrechte jetzt dringend geboten, sonst würden wir hier noch lange stehen und nicht am Zielort ankommen und das Verkehrschaos bekämpfen können", erklärte Karsten ruhig, während sie mit geringer Geschwindigkeit vorankamen. „Aber merke

Dir: Das Blaulicht selbst ist es nicht, dass uns Sonderrechte verschafft. Es signalisiert den anderen lediglich, dass wir Sonderrechte in Anspruch nehmen. Die Inanspruchnahme von Sonderrechten ist einfach nur eine Entscheidung, die wir treffen."

Sven nickte stumm, während er den Wagen mit bedachten Bewegungen durch die enge Gasse von stehenden Fahrzeugen steuerte. Karsten fuhr fort: „Ob wir zusätzlich **Wegerechte** nutzen, hängt von der Situation ab. Das geht nur, **wenn höchste Eile geboten ist, um Menschenleben zu retten, schwere Verletzungen abzuwenden oder bedeutende Sachwerte zu schützen.**"

Gerade als sie sich der Unfallstelle näherten, kam eine ergänzende Funkmeldung zu ihrem Einsatz: „Person eingeklemmt. Feuerwehr auf der Anfahrt." Karsten reagierte sofort. „Jetzt ändern sich die Voraussetzungen. Wir nehmen Wegerechte in Anspruch. Das heißt, die Verkehrsteilnehmer müssen uns Platz machen. Dafür müssen wir zusätzlich das **Martinshorn** einschalten."

Die schrille Sirene ertönte, und die stehenden Fahrzeuge begannen, zögerlich Platz zu machen. Sven spürte, wie seine Hände fester das Lenkrad umschlossen. Die Dringlichkeit war greifbar, aber Karstens ruhige Stimme gab ihm Halt.

„Denk daran", sagte Karsten, als sie die Kreuzung passierten, „Wegerechte sind kein Freibrief für Rücksichtslosigkeit. Wir sind immer verantwortlich. Es reicht nicht, dass wir Platz bekommen – wir müssen die Situation ständig im Blick behalten."

Sven lenkte den Wagen sicher an den Hindernissen vorbei, während Karstens Worte in seinem Kopf nachhallten. An diesem Tag lernte er mehr als nur die Regeln für Blaulicht und Martinshorn.

Er begriff die klare Abstufung von normaler Fahrt, Fahrt mit Sonderrechten und die Inanspruchnahme von Wegerechten. Jede Entscheidung musste abgewogen sein – Dringlichkeit und Verhältnismäßigkeit standen immer im Mittelpunkt.

Diese Lektion prägte ihn nachhaltig. Von diesem Moment an wusste Sven: Jedes Mal, wenn er das Blaulicht einschaltete, trug er eine besondere Verantwortung – für sich selbst, für seine Kollegen und für die Sicherheit der Menschen um ihn herum.

> **Kenne die Voraussetzungen und Wirkungen von Sonder- und Wegerechten.**

Die Erinnerung verblasste, und Sven kehrte in die Gegenwart zurück. Der Amokfahrer war noch immer außer Sicht, aber sie würden gleich nach rechts abbiegen, wo sich der Täter befinden musste.

„Jetzt schalten wir das Martinshorn wieder an", sagte Sven ruhig zu Fabian, der die Straßen beobachtete. „Wir nehmen jetzt wieder Wegerechte in Anspruch, weil wir freie Bahn brauchen, hier ist zu viel Verkehr. In Wegerechten sind immer auch Sonderrechte enthalten, so wie das Martinshorn technisch nur eingeschaltet werden kann, wenn Blaulicht bereits aktiviert ist." Fabian nickte.

Das Martinshorn erklang, und die Fahrzeuge vor ihnen begannen langsam zur Seite zu fahren, um ihnen Platz zu machen. Die hektische Energie im Fahrzeug wich einem klaren Plan. Sven navigierte den Streifenwagen durch die Kreuzung, immer darauf bedacht, die Zivilisten um ihn herum im Blick zu behalten. Der

Einsatz erforderte höchste Konzentration und das Verständnis, wann und wie man rechtlich handeln darf.

Fabian atmete auf. „Gut, dass wir das Martinshorn eingeschaltet haben. Der Verkehr war unpassierbar."

Sven nickte, aber sein Blick blieb fokussiert auf der Straße. Er hatte gelernt, dass Wegerechte eine mächtige, aber verantwortungsvolle Ressource darstellten. In dieser Situation war es gerechtfertigt – nicht, um den Amokfahrer schneller zu stellen und einem Strafverfahren zuzuführen, sondern um Menschenleben zu schützen.

Endlich sahen sie auch mal andere Polizeifahrzeuge. Für Svens Gefühl war in diesem Teil der Stadt noch immer zu wenig Blaulicht. Es müsste viel mehr Polizeipräsenz in dieses Gebiet hinein. Sven war erfreut, als er über Funk hörte, dass ein Einsatzabschnitt „Absperrung" eingerichtet wurde. Ein Dutzend Einsatzfahrzeuge mit Nagelgurtsperren sollte sämtliche Ausfallstraßen blockieren. Diese Nagelgurte führten sie seit Jahren mit und setzten sie fast nie ein. Dabei waren sie perfekt, um nicht anhaltenden Fahrzeugen kontrolliert die Luft aus den Reifen zu lassen – eine deutlich sicherere Alternative zu platzenden Reifen. Die betroffenen Fahrzeuge wurden dadurch langsamer und schwerer zu lenken, ein enormer Vorteil für die Polizei bei Verfolgungsfahrten.

Sven und Fabian fuhren auf der Styrumer Allee. Vor ihnen war ein weiterer Einsatzwagen mit Blaulicht und Martinshorn unterwegs. Doch diese Stelle der Stadt war nicht unproblematisch: Die Straße war eng, in beide Richtungen befahrbar und mit Kopfsteinpflaster versehen. In beide Fahrtrichtungen verliefen außerdem

Straßenbahnschienen. Auf der linken Seite standen Wohnhäuser, während rechts eine über zwei Meter hohe Backsteinmauer die Straße vom dahinterliegenden, weiträumigen Gleisbereich der Deutschen Bahn abgrenzte.

Besonders kurios war die Straßenbahnhaltestelle an dieser Stelle: Fahrgäste, die rechts aus der Straßenbahn ausstiegen, standen unmittelbar auf einem nur einen Meter breiten Gehweg – direkt vor der Backsteinmauer. Genau in diesem Moment hielt dort eine Straßenbahn. Der Straßenbahnführer hatte die Polizeifahrzeuge offenbar bemerkt und das Warnblinklicht eingeschaltet, um zu signalisieren, dass er nicht losfahren würde.

Der Einsatzwagen vor Sven schoss, ohne zu zögern, an der Straßenbahn vorbei. Fabian, der die Situation kritisch beobachtete, bemerkte das laute Martinshorn des vorderen Einsatzwagens und fragte: „Kann ich unser Martinshorn kurz ausschalten? Die da vorne sind so nah, wir verstehen den Funk kaum." Er deutete bereits mit seinem Finger auf den Ausschalter.

Sven reagierte sofort. Mit einem kraftlosen Schlag gegen Fabians Hand hinderte er ihn am Ausschalten des Martinshorns. Im selben Moment trat er hart auf die Bremse und überholte die Straßenbahn an ihrer Spitze - mit Schrittgeschwindigkeit.

Fabian riss die Augen weit auf, völlig verwirrt von Svens Reaktion. „Was soll das denn?", stammelte er, während Sven sich auf die Straße vor ihnen konzentrierte. Die Antwort steckte in Svens Vergangenheit…

Tram rechts, Polizei links

Sven starrte durch die Frontscheibe des Streifenwagens, während die Lichter der Stadt im ruckelnden Rhythmus des Blaulichts reflektierten. Neben ihm am Steuer saß Gudrun, Polizeiobermeisterin und damit Streifenführerin. Der Karneval tobte in der Stadt, die Straßen waren voller Menschen – viele in bunten Kostümen, laut, ausgelassen, unberechenbar. Gudrun hatte darauf bestanden, heute selbst zu fahren, einfach, weil sie Lust dazu hatte. Sven, ein junger Polizeimeister, war einerseits erleichtert, dass sie das Steuer übernahm, und konnte sich dadurch auf den Funk konzentrieren.

Andererseits nagte eine leise Sorge an ihm. Er wusste von Gudruns Fahrstil – oft nicht so kontrolliert und zu intuitiv, was zu gewissen Risiken führte.

Sven erinnerte sich lebhaft an seine erste Begegnung mit Gudrun – ein Ereignis, das ihn gleichermaßen amüsierte wie verwunderte. Gudrun und ein Kollege hatten sich mit ihrem Streifenwagen auf einer nassen Wiese festgefahren. Sven und sein Streifenführer waren gerufen worden, um zu helfen.

Der Streifenwagen stand auf einem weitläufigen Hinterhof, und direkt zwischen Vorder- und Hinterachse befand sich ein mehrere Zentimeter hoher Kanalschacht, der überwunden werden musste. Doch nach vorne war zu wenig Platz, um den Wagen herauszufahren. Die einzige Möglichkeit war, ihn nach hinten zu bewegen.

Aus eigener Kraft schaffte es der Wagen aufgrund durchdrehender Reifen nicht. Der Plan war daher einfach: Gudrun sollte sich auf den Fahrersitz setzen und Gas geben, während die Kollegen an den B- und C-Säulen kräftig schoben. Alles war vorbereitet.

„Gudrun, gib Gas!", rief ihr Streifenführer mit fester Stimme. Es verging ein Moment, und man hörte, wie Gudrun wiederholt auf ein Pedal trat. Doch der Wagen bewegte sich keinen Zentimeter.

„Gudrun, mehr Gas!", rief der Streifenführer, nun etwas lauter und ungeduldiger.

„Ich trete doch!", rief Gudrun zurück, ihre Stimme klang genervt und leicht verzweifelt.

Sven blickte hinter den Wagen und konnte die Ursache sofort erkennen. Jedes Mal, wenn Gudrun auf das vermeintliche Gaspedal trat, leuchtete das Gebüsch hinter dem Wagen kurz rot auf. Es war offensichtlich: Statt aufs Gaspedal trat Gudrun wiederholt auf die Bremse.

„Gudrun! Das Gaspedal, nicht die Bremse!", rief Sven halblaut, weil er gar nicht wollte, dass die anderen das hörten. Es dauerte einen Moment, bis Gudrun die Situation verstand, doch ihr Gesichtsausdruck, als sie es bemerkte, blieb Sven noch lange im Gedächtnis. Es war für Gudrun, als wären die Pedale bei jedem Auto anders angeordnet.

Für diese Karneval-Schicht hatte Gudrun sich anscheinend mittlerweile mit den Pedalen angefreundet. Die Nacht war hektisch, der nächste Einsatz wurde gemeldet: eine Schlägerei am S-Bahnhof. Vor ihnen rasten zwei weitere Einsatzfahrzeuge durch die Straße, ihre Blaulichter zerschnitten die Dunkelheit, und die Martinshörner hallten ohrenbetäubend zwischen den Gebäuden wider. Gudrun und Sven hatten entschieden, nur das Blaulicht einzuschalten, um den Funk besser hören zu können – die anderen Fahrzeuge machten ohnehin genug Lärm.

Eine Straßenbahn hielt rechts, um den Einsatzfahrzeugen Platz zu machen. Der erste Wagen zog zügig vorbei, der zweite folgte direkt. Gudrun beschleunigte. Sven merkte, wie der Wagen leicht aufschaukelte, als sie die Spitze der Straßenbahn erreichten.

Und dann geschah es.

Es war, als hätte jemand die Zeit angehalten. Sven sah es zuerst: Ein junger Mann, vermutlich noch nicht einmal 18 Jahre jung, sprang plötzlich hinter der Straßenbahn hervor auf die Fahrbahn, offensichtlich wollte er sie rennend überqueren. Bislang verdeckt hinter der Bahn, war er erst im letzten Moment für Gudrun zu sehen. Seine Augen waren auf die vorausfahrenden Einsatzfahrzeuge gerichtet, völlig vertieft schaute er den blinkenden Blaulichtern hinterher. Er bemerkte Gudruns Streifenwagen viel zu spät.

In diesen Bruchteilen von Sekunden schien alles stillzustehen, und doch passierte alles gleichzeitig. Gudrun trat panisch auf die Bremse, aber Sven wusste, dass es nicht reichen würde, beim Zusammenstoß wäre noch nicht einmal eine Bremswirkung eingetreten. Der Junge sprang direkt vor den Wagen. Sven konnte den Aufprall vorhersehen – er sah förmlich, wie der Junge gegen den rechten vorderen Bereich des Streifenwagens prallen würde, direkt vor seinem Sitz, an der A-Säule.

Es blieben nur Millisekunden. Instinkt übernahm. Sven drehte reflexartig den Kopf nach links, weg von der drohenden Kollision, und schloss die Augen.

Dann kam der Schlag.

Das Geräusch war brutal, durchdringend, verstörend. Ein dumpfer Aufprall, gefolgt von einem markerschütternden Knacken – Knochen, die der Wucht des Fahrzeugs nachgaben. Der Wagen vibrierte kurz, als der Körper des Jungen aufprallte. Sven wusste, was passiert war: Der Oberschenkelknochen des Jungen war unter der enormen Kraft gebrochen.

Die Welt schien für einen Moment stillzustehen. Sven hielt den Atem an, unfähig, die Augen zu öffnen, während sein Herz in seiner Brust hämmerte. Der dumpfe Nachhall des Aufpralls blieb in der Luft hängen, unausweichlich und endgültig.

Vor Bussen und Bahnen queren
Ausgestiegene die Fahrbahn!

„Zu gefährlich, Fabian", sagte Sven. „Ich erkläre es dir ein anderes Mal." Sven dachte an die 800 Euro, die Gudrun später für die Einstellung des Strafverfahrens gezahlte hatte. Erst als Sven sicher sehen konnte, dass hinter der Tramspitze niemand auf die Fahrbahn eilte, beschleunigte er wieder.

„Ich frage mich", begann Fabian „warum sind viele Leute so unglaublich schlecht darin, freie Bahn zu schaffen? Es gibt viele Stellen, da versuchen sie auf Biegen und Brechen zur Seite zu fahren, obwohl sie mittlerweile Grün haben und nur weiterfahren müssten. Da kommen wir dann mit Martinshorn viel langsamer voran als ohne. Und manche scheinen zu denken, wir würden mit Wegerechten fahren, weil bei uns höchste Eile geboten ist, um unsere Pommes vor dem Erkalten zu retten. Die reagieren kaum auf uns." Bei diesen Worten von Fabian huschte ein Lächeln über Svens Gesicht. Er hatte schon so viel erlebt – auch genau das. Imbissfahrt mit Blaulicht und Martinshorn...

103

Pommes mit Blaulicht

Ein ruhiger Tag: Die Sonne schien durch die Frontscheibe, und die Straßen waren weitgehend leer. Sven und sein erfahrener Kollege Günther hatten beschlossen, in der Mitte ihrer langen Schicht bei „Bernds Futterhütte" zu halten, einem beliebten Imbiss, nur acht Minuten von der Polizeiwache entfernt. CPM - Currywurst mit Pommes und Majo – ein typisches Essen im Schichtdient der Polizei.

Während Günther sich noch einen Kaffee holte, packte Sven das Essen ein. Der Plan war simpel: Zurück zur Wache fahren und dort in Ruhe essen. Doch kaum hatten sie sich in den Streifenwagen gesetzt und die Türen des Streifenwagens geschlossen, knisterte der Funk. „12/45, eine Schlägerei vor der Hauptstraße 5. Fünf Personen beteiligt!"

Sven reagierte sofort. Mit einem schnellen Handgriff startete er den Motor, schaltete Blaulicht und Martinshorn ein und trat aufs Gas. Der Adrenalinschub ließ seinen Puls angenehm ansteigen, als der Motor aufheulte. Die Straßen waren leer, sodass er auf der Landstraße – wo Tempo 70 galt – mit über 130 km/h fahren konnte. Während sie auf den Einsatzort zusteuerten, fiel Sven ein seltsamer Gedanke ein: Sie würden genau an der Wache vorbeifahren. Und was, wenn jemand sie sah? „Günther, die Leute denken bestimmt, wir rasen nur, damit unser Essen nicht kalt wird – jedenfalls die, die uns kurz vor der Wache sehen", sagte Sven. Günther zuckte jedoch nur mit den Achseln.

Je näher sie der Wache kamen, desto mehr beschäftigte ihn dieser Gedanke. Doch gerade, als er mit etwa 70 km/h durch das Wohngebiet an der Wache vorbeifahren wollte, knisterte der Funk erneut. „12/45, Einsatz abbrechen. Das ist die falsche Hauptstraße. Gemeint ist die in Swisttal. Nicht euer Zuständigkeitsgebiet. Weitere Anrufe sind eingegangen."

Sven trat sofort auf die Bremse, schaltete Blaulicht und Martinshorn aus und parkte den Streifenwagen direkt vor der Wache. Es war ein skurriler Moment. Der Wagen stand still, und wirkte wie in Zeitlupe – wie das Echo einer abrupt unterbrochenen Jagd, bei der sich der aufgewirbelte Staub nur langsam legte. Günther brach das Schweigen mit einem trockenen Lachen. „Na großartig. Jetzt denken die wirklich, wir hätten das Blaulicht nur für unsere Currywurst eingeschaltet."

Für Sven war es unangenehm. Der Gedanke, dass jemand tatsächlich glauben könnte, sie hätten die Sondersignale missbraucht, nagte an ihm. Natürlich war das Unsinn, aber es war ihm unangenehm und vielleicht würde sich jemand bei der Leitung beschweren. Als sie schließlich aus dem Wagen stiegen, die Imbisstüten in der Hand, konnte Sven ein verlegenes Grinsen nicht unterdrücken. Es war ihm klar: Ja, die Leute würden reden.

„Lass sie denken, was sie wollen," sagte er zu Günther. „Wir wissen, dass wir alles richtig gemacht haben." Gemeinsam betraten sie die Wache.

Auf dem Weg dachte Sven daran, wie oft Polizisten in solchen Momenten mit Vorurteilen und Fehlinterpretationen konfrontiert wurden. Zum Beispiel, wenn sie im Supermarkt oder beim Imbiss gesehen wurden. „Na, so werden also meine Steuergelder eingesetzt," hatten Bürger manchmal spöttisch gesagt. Für solche Situationen hatte Sven mittlerweile eine passende Antwort:

„Nein, das ist eine unbezahlte Pause. Landesbeamte haben einen 40-Stunden-Vertrag. Weil wir Polizisten im konfrontativen Außendienst aber keine geregelten Pausen haben können, wurde unsere Arbeitszeit auf 41,5 Stunden erhöht. Das heißt, ich verbringe meine unbezahlte Pause gerade mit diesem schönen Gespräch mit Ihnen. Schönen Tag noch."

Diese Haltung – sich nicht in eine defensive Rechtfertigung drängen zu lassen – war für Sven auch in anderen Bereichen **wichtig.** Das galt für Gespräche über Pausen ebenso wie für schwierige Entscheidungen im Einsatz, etwa den Abbruch einer Verfolgungsfahrt. Der mentale Akt des Abbruchs einer Verfolgungsfahrt war stets von vielen Begebenheiten geprägt, auch von den Gedanken, wie Kolleginnen und Kollegen darauf reagieren würden. Sven hatte gelernt, dass eine klare innere Haltung entscheidend war. Tatsächlich überlegte er sich vor Fahrten mit Sonder- und Wegerechten oft, wie Bürger, Kollegen und Vorgesetzte seine Fahrweise wahrnehmen würden und das war auch für die Abbruchsentscheidungen wichtig – sich bereits vorher klar zu sein.

„Ich brauche eine klare Haltung, die ich dann selbstbewusst vertreten kann", dachte er. Diese Einstellung half ihm, professionell und selbstbewusst zu bleiben – auch in Situationen, in denen Missverständnisse unvermeidbar waren.

Abwehrhaltung proaktiv vermeiden.

„Du hast Recht", sagte Sven, aus seinen Gedanken wieder in der Gegenwart ankommend. „Die Gedanken und das Verhalten der anderen sind vielfältig. Daran müssen wir denken und in unsere Fahrweise mit einbeziehen."

Sven war überzeugt, dass ein Polizist viel Erfahrung brauchte und auch viele Geschichten über verunglückte Einsatzfahrten. Nur so konnte man ein Gespür entwickeln, wie Verkehrsteilnehmer auf

Blaulicht und Martinshorn reagierten. Dieses Gespür wurde mit steigendem Stress immer wichtiger.

Sven wusste sofort, dass einer dieser wertvollen Lernerfahrungstage sein krasser Karnevalstag in Bonn mit seinem Beifahrer Björn war.

"Sven, an was denkst Du gerade? Du denkst doch was?", fragte Fabian seinen Fahrer. Sven dachte an damals, Karneval in Bonn, den „Tag der Eile":

Der Tag der Eile

Karneval. Die Stadt war ein Meer aus Farben, Menschen in Kostümen tanzten auf den Straßen, Musik dröhnte aus allen Ecken, und für Sven und seinen Streifenpartner Björn bedeutete dieser Tag nur eines: Stress pur. Über Funk kamen die Einsätze im Minutentakt rein, und jeder einzelne erforderte Sonderwegerechte. Das war kein Wunder, meistens waren es Schlägereien, Randalierer und brandaktuelle Eigentumsdelikte. So lief das Martinshorn an diesem Tag heiß und das Blaulicht wurde gar nicht mehr ausgeschaltet. Sie wussten, dass dieser Tag besonders fordernd werden würde, aber sie waren kaum auf die chaotischen Reaktionen der anderen Verkehrsteilnehmer vorbereitet.

"Bonn 12/45 für Bonn. Fahren sie zur Domstraße 4. Schlägerei, zwei Beteiligte."

Sven tippte routiniert auf die Schalter für Blaulicht und Martinshorn, als sie von der engen Seitenstraße auf die Hauptstraße abbogen. Dort herrschte dichter Verkehr, und die Herausforderung begann sofort. Einige Autofahrer reagierten vorbildlich: Sie fuhren zügig zur Seite, bremsten ab und machten den Weg frei. Doch wie so oft gab es Ausnahmen.

Ein kleiner roter VW Polo fuhr genau in der Mitte der Fahrbahn weiter, ohne den Rettungsgasse-Regeln zu folgen. Zwar reduzierte der Fahrer seine Geschwindigkeit, doch das machte die Situation nicht besser – im Gegenteil. Er blockierte die Spur und verhinderte jegliches Vorankommen.

„Das ist doch nicht sein Ernst...", murmelte Björn neben Sven, die Ungeduld deutlich in seiner Stimme. Sven drückte die Hupe, kurz und deutlich, seine Augen wanderten zwischen dem Polo und der Straße vor ihnen hin und her. „Der schnallt es nicht", sagte er ruhig und bemühte sich, die Kontrolle über die Situation zu behalten. „Ich überhole rechts."

Doch gerade, als Sven das Manöver einleitete, zog der Polo plötzlich ebenfalls nach rechts. Der Wagen driftete gefährlich nah an den Streifenwagen heran. Sven reagierte im Bruchteil einer Sekunde. Mit einem scharfen Lenkmanöver wich er nach links aus, schoss knapp am Polo vorbei und brachte den Streifenwagen zurück auf die Spur.

Ein Schwall Adrenalin durchflutete seinen Körper. Björn schnaubte und schüttelte den Kopf. „Die Leute haben einfach keine Ahnung, wie sie sich verhalten sollen."

Sven nickte, seine Hände fest am Lenkrad. „Deswegen müssen wir umso besser aufpassen", murmelte er und richtete seinen Blick wieder auf die Straße.

„Bonn 12/45 für Bonn. Fahren Sie zu: Kreuzung Rheinweg und Poststraße. Schlägerei, drei Männer schlagen sich um eine Frau."

Kaum hatten sie den ersten Einsatz abgeschlossen, kam schon der nächste. Dieses Mal führte ihr Weg durch eine dicht befahrene Straße, an deren Rändern Autos dicht an dicht parkten. Vor ihnen geriet der Verkehr ins Stocken: Zwei Fahrzeuge blieben nahezu nebeneinander stehen. Offensichtlich wollten beide den Streifenwagen vorbeilassen, doch der Platz reichte so nicht aus.

Sven drückte erneut auf die Hupe, aber nichts geschah. Die Fahrer sahen sich nur gegenseitig an und zuckten mit den Schultern, völlig ratlos. Selbst die Tatsache, dass Sven klar hinter dem linken Fahrzeug stand, änderte nichts – endlose Sekunden verstrichen. Schließlich deuteten beide Fahrzeuge zögerlich eine Rettungsgasse an, doch die war so schmal, dass kein Vorankommen möglich war.

„Das kann doch nicht wahr sein", stöhnte Björn genervt. Seine Stimme klang gereizt, und Sven merkte, wie ihn die Frustration seines Kollegen anzustecken drohte.

„Mittig zu eng, links ein Blödmann, rechts ein Vollidiot", schimpfte Björn und ließ seine Schultern durchdrücken, als würde er versuchen, die Situation abzuwerfen.

Sven atmete tief durch, hielt den Griff am Lenkrad fest und sagte ruhig: „Okay, ich muss durch die Mitte."

Mit höchster Konzentration manövrierte er den Streifenwagen vorsichtig zwischen den beiden Autos hindurch. Zentimeterarbeit.

Björn hielt unwillkürlich die Luft an, als die Seitenspiegel des Streifenwagens die anderen Fahrzeuge um Haaresbreite verfehlten.

„Geschafft", murmelte Sven, als sie die Engstelle endlich hinter sich ließen. Doch die Anspannung blieb, und die Fahrt war noch lange nicht vorbei.

„Bonn 12/45 für Bonn. Brechen Sie die Anfahrt ab. Fahren Sie stattdessen zum Hauptbahnhof, Gleis 3. Betrunkene Person ist auf die Bahngleise gefallen und ansprechbar."

Sven wechselte sofort die Route und beschleunigte. Kurz darauf näherten sie sich einer roten Ampel, an der sich bereits mehrere Fahrzeuge stauten. Der Verkehr stockte, und die Autofahrer schienen unsicher, wie sie reagieren sollten.

„Die trauen sich nicht", kommentierte Björn und deutete auf die vordersten Autos. Keiner der Fahrer wagte es, über die rote Ampel in die Kreuzung zu rollen – selbst mit Blaulicht und Martinshorn hinter ihnen. Dabei hatten sie genug Raum, um den nötigen Platz für die Polizei zu schaffen.

Sven atmete tief durch, fixierte die Kreuzung mit konzentriertem Blick und legte die Hände fester ans Lenkrad. „Ich fahre ran", sagte er ruhig.

Er ließ den Streifenwagen langsam auf die wartenden Autos zurollen, während das Martinshorn laut durch die engen Straßenschluchten hallte. Schließlich setzten sich die vordersten Fahrzeuge in Bewegung, tasteten sich zögerlich in die Kreuzung hiuein und machten gerade genug Platz, damit Sven hindurchmanövrieren konnte.

„Danke", murmelte er, als sie die Ampel endlich passiert hatten. Doch dann fiel ihm im Rückspiegel eine hektische Bewegung auf.

„War da ein Unfall?", fragte Björn beiläufig. Sven riskierte einen schnellen Blick nach hinten. Ein anderer Wagen schien leicht rangiert zu haben, um Platz zu schaffen. Das war ein häufiges Problem: Diejenigen, die zur Seite gefahren waren, um eine Rettungsgasse zu bilden, hatten danach Schwierigkeiten. Anstatt dass man ihnen Gelegenheit gab, sich wieder einzuordnen, wurden sie überholt, was zu gefährlichen Situationen und Unfällen führte.

„Wenn ja, wird ein anderer Einsatzwagen das später aufnehmen, bei diesen minimalen Geschwindigkeiten ist nur ein kleiner Sachschaden zu erwarten", antwortete Sven knapp. Sie hatten keine Zeit, sich darum zu kümmern – die betrunkene Person am Bahnhof konnte nicht warten.

„Bonn 12/45 für Bonn. Fahren Sie zur Beethovenstraße, Hausnummer 37. Schwerer Verkehrsunfall mit Personenschaden."

Der Einsatz ließ keine Zeit zum Durchatmen. Sven und Björn bogen von einer belebten Nebenstraße auf die Hauptstraße ab, das Blaulicht spiegelte sich in den Fenstern der umliegenden Gebäude. Plötzlich beschleunigte ein Autofahrer vor ihnen.

„Was macht der denn jetzt?" fragte Björn entgeistert, den Blick auf den auffälligen Wagen gerichtet.

Der Wagen schoss nach vorn, als wolle er ein Rennen mit dem Streifenwagen starten. Es war ein unnötiges und gefährliches Verhalten.

„Manche denken offenbar, sie helfen uns, wenn sie Vollgas geben," kommentierte Sven trocken.

Der Wagen raste weiter, ignorierte jede Vorsicht und verschwand schließlich in der Ferne. Sven verdrehte die Augen, straffte die Hände am Lenkrad und setzte die Fahrt fort.

„Manchmal wäre Nichtstun die bessere Hilfe", murmelte er, während der Streifenwagen mit heulendem Martinshorn den Verkehr durchbrach und die Beethovenstraße näher rückte.

"Bonn 12/45 für Bonn. Fahren sie zu: Kneipe ‚Zum Goldenen Hahn', Marktstraße 11. Kneipenschlägerei mit vielen Beteiligten. Der Schankwirt hat Pfefferspray eingesetzt."

Die Stadt wurde immer dichter mit Feiernden, und die Straßen immer chaotischer. Die Ampeln spielten für viele Autofahrer keine Rolle mehr, sie hielten willkürlich an oder fuhren einfach weiter, als sie das Martinshorn hörten. Ein Auto vor ihnen blieb mitten auf einer Kreuzung stehen, der Fahrer stieg aus und kam zu Fuß auf sie zu. Sven senkte die Fensterscheibe und rief: "Machen Sie Platz! Wir wollen nicht zu Ihnen!" Der Mann riss erschrocken die Augen auf und sprang hektisch zurück in sein Auto, um die Straße freizumachen. „Was war das denn?", fragte Björn und konnte es einfach nicht glauben. „Der hat wirklich gedacht, wir wollen ihn mit Martinshorn anhalten und alle anderen machen uns freie Bahn und ausgerechnet er sei gemeint? Wow!"

„Bonn 12/45 für Bonn. Fahren Sie zu: Goethestraße 21. Sexuelle Belästigung."

Die Einsätze kamen in immer kürzeren Abständen, eine Pause war undenkbar und die Straßen waren voll.

Angesichts des Martinshorns bremste ein Autofahrer plötzlich direkt vor ihnen abrupt ab, blieb einen Moment regungslos stehen und setzte dann unerwartet rückwärts.

„Achtung!", rief Björn warnend, als Sven reflexartig das Lenkrad herumriss, um eine Kollision zu vermeiden. Der Streifenwagen wich nur knapp aus, während der rückwärtsfahrende Wagen abrupt wieder stoppte. Offensichtlich der Bedienungsfehler eines überforderten Autofahrers.

„Die Leute können einfach nicht damit umgehen", sagte Björn frustriert, den Blick auf den Verursacher gerichtet.

Sven nickte nur knapp, die Anspannung zeichnete sich in seinen Schultern ab. Sein Fokus lag weiterhin auf der Straße vor ihm, jede Bewegung musste kontrolliert und präzise bleiben. Doch die ständige Konzentration forderte ihren Tribut.

Er wusste, wie kräftezehrend diese Art zu fahren war, und insgeheim spürte er bereits die ersten Anzeichen von Erschöpfung. Mit jeder Minute stieg die Gefahr von kleinen Unaufmerksamkeiten – oder einem folgenschweren Fehler. Und es war ja nicht nur das Fahren, er brauchte ja auch Konzentration und Energie für das Handeln an einem Einsatzort.

Doch Sven ließ sich nichts anmerken. „Bleib bei der Sache", dachte er, während er die Fahrt konzentriert fortsetzte.

„Bonn 12/45 für Bonn. Fahren Sie zur Kreuzung Lindenallee und Schillerstraße. Eine Bedrohung, eine männliche Person mit Messer."

Sven und Björn rasten durch die Straßen, das Martinshorn hallte laut zwischen den Gebäuden wider. Als sie sich einer roten Ampel näherten, warteten zwei Fahrzeuge nebeneinander an der Haltlinie. Doch diesmal schien alles reibungslos zu funktionieren: Fast wie auf Kommando machten beide Fahrer gleichzeitig Platz. Der eine zog nach rechts, der andere nach links, sodass eine perfekte Rettungsgasse entstand.

„Endlich mal jemand, der es richtig macht", murmelte Björn erleichtert, und Sven konnte sich ein kurzes Lächeln nicht verkneifen.

Mit einem gezielten Manöver lenkte er den Streifenwagen durch die Lücke zwischen den Autos hindurch. Doch im Augenwinkel bemerkte er Funken, die vom rechten Fahrzeug sprühten, als der tiefergelegte Wagen mit seinem Unterboden über die Bordsteinkante schrammte.

„Nicht gut für den Auspuff", kommentierte Björn trocken, aber Sven nahm seinen Blick nicht von der Straße. Er konzentrierte sich auf die Fahrt zum Einsatzort, der jetzt nur noch wenige Minuten entfernt war.

„Bonn 12/45 für Bonn. Fahren Sie zur Königsallee 12. Pyros vom Fenster auf den Gehweg, 4. Obergeschoss links."

Die Blaulichter flackerten, das Martinshorn heulte, doch plötzlich blieb ein Fahrzeug direkt vor ihnen stehen – obwohl auf beiden Seiten genug Platz gewesen wäre, um auszuweichen.

„Warum bleiben die einfach stehen?", fragte Björn ungläubig, seine Stimme angespannt.

Sven drückte auf die Hupe, doch der Wagen rührte sich nicht. „Wahrscheinlich Schockstarre", meinte er ruhig, seine Hände fest am Lenkrad. Mit einem prüfenden Blick suchte er nach einer Möglichkeit, den Wagen zu umfahren, und fand schließlich eine Lücke.

Geschickt manövrierte er den Streifenwagen vorbei und setzte die Fahrt fort. Sein Fokus blieb auf der Straße, doch innerlich fragte er sich, wie oft Menschen in Stresssituationen einfach nicht wussten, was sie tun sollen – ein Gedanke, der ihn immer wieder begleitete. Sven erinnerte sich, dass er als Fahranfänger auch mit solchen Situationen überfordert war.

„Bonn 12/45 für Bonn. Fahren Sie zum Bahnhofsplatz 4. Verwirrte Person läuft auf der Straße."

Björn lehnte sich zurück und kommentierte trocken: „Sven, hier gibt es doch ausschließlich verwirrte Menschen. Wie sollen wir den richtigen finden?" Seine zynische Bemerkung passte perfekt zur Situation.

Die Straßen wurden immer chaotischer. Feiernde Menschenmengen, hupende Autos und Fahrräder, die sich scheinbar wahllos zwischen allem hindurchschlängelten – das Chaos war perfekt.

Sven blieb ruhig und fokussiert, sein Blick sprang ständig zwischen Verkehr und Menschen hin und her. Um die Konzentration zu halten, sprach er laut mit sich selbst. „Fokus. Links habe ich Platz... der rechts wird nervös... ruhig bleiben", murmelte er, während er den Streifenwagen geschickt durch das Gewühl manövrierte.

Trotz des Lärms und der Unübersichtlichkeit gelang es ihm, die Kontrolle zu behalten und sicher weiterzukommen. Björn beobachtete beeindruckt, wie Sven ruhig und bedacht handelte – ein kleiner Ruhepol inmitten des Karnevalschaos.

„Bonn 12/45 für Bonn. Fahren Sie zur Oberstraße 48. Dort randalierender Betrunkener."

Um zum Einsatzort zu gelangen, war die Bayerstraße der kürzeste Weg – leider. Diese Strecke war seit einer neuen Verkehrsführung in Polizeikreisen und beim Rettungsdienst berüchtigt. Die beiden Fahrtrichtungen der Straße waren baulich voneinander getrennt, und auf ihrer Seite war von den ursprünglichen zwei Fahrstreifen nur noch einer übrig. Der zweite Fahrstreifen war einem neuen Fahrradweg zum Opfer gefallen, der nun durch Betonpöller von den bösen Autofahrern geschützt wurde. Überholen? Unmöglich.

Das Martinshorn hatte den Verkehr vor ihnen zwar aufgeschreckt, aber anstatt Platz zu machen, versuchten einige Fahrer, langsam

117

und umständlich auf den hohen Bordstein links von ihnen zu fahren; natürlich sehr vorsichtig und damit extrem langsam. Das Resultat: Statt schneller voranzukommen, wurde der Verkehr noch mehr behindert.

Als sie schließlich die nächste Ampel erreichten, zeigte diese Rot. Das Martinshorn sorgte für den üblichen Effekt: Stress und Hilflosigkeit. Die Autofahrer hupten sich gegenseitig an, versuchten hektisch seitlich Platz zu schaffen, und es wurde chaotisch. Dann wechselte die Ampel endlich auf Grün – doch nichts geschah. Die Fahrer waren so sehr mit dem Versuch beschäftigt, Platz zu machen, dass niemand einfach geradeaus fuhr. Zentimeterweise wurde seitlich manövriert, aber es wurde keine Spur für den Streifenwagen frei.

Sven schüttelte innerlich den Kopf, während er mit einer Mischung aus Geduld und Frustration das Szenario beobachtete. „Ohne Sonderwegerechte wären wir hier schneller durchgekommen", dachte er, als sie sich langsam durch das Chaos quälten.

Sven beschloss, sich diese Stelle für künftige Sonderwegerechtsfahrten zu merken. „Hier werde ich ab jetzt sparsam mit dem Martinshorn umgehen", murmelte er, während der Streifenwagen endlich wieder an Fahrt gewann. Manchmal, so wurde ihm wieder einmal klar, war weniger einfach mehr.

Björn erzählte Sven gerade mit einem Anflug von Enthusiasmus spannende Details über das unerwartete Comeback seiner Ex-Freundin. So spannend, dass beide den Anfang der aktuellen Funkmeldung nur halb mitbekamen. Sie hatten etwas von „Löwe

13/43" oder „Löwe 13/45" verstanden – es ging jedenfalls um Hundertschaftsfahrzeuge, die zu einem Parkplatz geschickt wurden. Dort sollten etwa 20 Personen Einkaufswagen beschädigen und „Scheibe spielen", wie es über Funk hieß.

Björn reagierte sofort. „Bonn 12/45 steht günstig und schließt sich an", gab er über Funk durch, während Sven einen fragenden Blick an Björn richtete. Dieser verstand und griff erneut zum Funkgerät.

„Wo genau ist der Einsatzort?" fragte er.

Die Antwort kam schnell: „Direkt auf dem Parkplatz, hinter dem Eingang."

Björn hakte vorsichtig nach: „Wir benötigen noch einmal Straße und Hausnummer."

Von der Leitstelle kam ein genervter Seufzer. „Wie könnt ihr günstig stehen, wenn ihr nicht einmal wisst, welche Straße?" Die Kollegin in der Leitstelle klang überlastet, aber sie ergänzte schließlich seufzend: „Kastanienallee 22."

Sven gab Gas, und sie fuhren zum letzten Einsatz ihrer Schicht, eigentlich war genau jetzt Feierabend. Der Parkplatz war bereits halb leer, die Situation vor Ort relativ schnell unter Kontrolle gebracht. Danach wurden die Straßen zunehmend ruhiger. Die Müdigkeit kroch Sven in die Glieder, die Stunden des Einsatzes hatten ihre Spuren hinterlassen.

Er schaltete das Blaulicht aus, das mittlerweile fast schon unbemerkt immer eingeschaltet war, und atmete tief durch. Für einen

Moment war es still im Wagen. Er sah zu Björn hinüber, der eben-falls erschöpft, aber zufrieden wirkte.

„Was für ein Tag", sagte Sven schließlich und ließ die Worte lang-sam im Raum verhallen, bevor sie die letzten Meter zur Wache zurücklegten.

Die Gegenwart holte Sven ein und riss ihn aus seinen Gedanken. Eine Straßenbahn versperrte den Weg, als er nach links abbiegen wollte. Die Bahn stand still, sie war selbst blockiert von mehreren Fahrzeugen, deren Fahrer vom Martinshorn überfordert waren. Es schien eine Ewigkeit zu dauern, bis sich nach einigen Sekunden die entscheidenden Autos in Bewegung setzten und die Bahn den Weg freigeben konnte.

19:54 Uhr
Stressquelle Teamarbeit

Sven wusste: Nicht alles, was glänzte, war Gold. Auch wenn die Vorteile überwogen, hatte Teamarbeit ihre Tücken. Es war immer nötig, mit unterschiedlichen Werten, Haltungen, Gewohnheiten und Befindlichkeiten der Kollegen umzugehen. Gleichzeitig musste man eine Kommunikationsweise finden, die Missverständnisse möglichst verhinderte und, wenn nötig, klärte.

Das Problem war, dass es in der täglichen Polizeiarbeit oftmals keine Zeit für Diskussionen gab – Entscheidungen mussten schnell getroffen werden. In solchen Momenten war es hilfreich, wenn einer der beiden Beteiligten klar vorgab, was zu tun war, und damit zumindest vorübergehend die Richtung bestimmte.

Der beamtenrechtliche Status spielte eine entscheidende Rolle, wenn es um das gemeinsame Vorgehen und die Entscheidungen im Einsatz ging – besonders in kritischen Momenten oder bei Konflikten mit Bürgern. Beamte auf Probe, die sich noch in den ersten Jahren nach ihrer Ausbildung befanden, lebten in ständiger Unsicherheit: Ein erhebliches Fehlverhalten oder eine ihnen angelastete Straftat konnte für sie nicht nur ein Disziplinarverfahren, sondern auch die Entlassung bedeuten. Beamte auf Lebenszeit hingegen genossen zwar Kündigungsschutz, mussten sich jedoch bewusst sein, dass ein laufendes strafrechtliches Verfahren ihre Karriere effektiv einfrieren konnte – keine Beförderung, kein Fortkommen, solange der Schatten des Verfahrens über ihnen hing. Doch dann gab es noch eine dritte, inoffizielle Stufe, die unter Kollegen als „Dienstgrad der Unanscheißbarkeit" bekannt war. Diese Polizisten, bereits in ihrem Endamt angekommen, hatten nichts mehr zu verlieren: Keine weiteren Beförderungen, kein Streben nach Karriere. Sie konnten es sich leisten, Beschwerden oder Konflikten mit einer Ruhe zu begegnen, die anderen oft fehlte. In brenzligen Situationen war es deshalb häufig dieser Typ Polizist, der voranging – sei es im Dialog mit aufgebrachten Bürgern oder sogar bei bewaffneten Auseinandersetzungen. Ihr Status verlieh ihnen eine Sicherheit, die in der Dynamik des Teams oft entscheidend war.

Sven konnte sich aufgrund seines Ansehens, seiner Erfahrung und eben auch wegen seines „Dienstgrades der Unanscheißbarkeit" oft leicht durchsetzen. Fabian hingegen war erst seit zwei Jahren mit der Ausbildung fertig und daher noch nicht einmal „Beamter auf Lebenszeit". Wenn Sven ihm deutlich sagte, wie sie handeln würden, wurde es so gemacht. Wenn Sven ihm im Eifer des Gefechts die Hand vom Schalter des Martinshorns schlug, nahm Fabian es hin, wohlwissend, dass es gute Gründe waren, die Sven dazu veranlassten, und kein unangebrachtes Dominanzverhalten.

Doch inzwischen hatten sie schon einige Tage gemeinsam auf Streife verbracht. Das erleichterte vieles. Sie kannten sich besser, wussten etwas über die Lebensgeschichten des anderen und wie der andere im Einsatz reagierte. Für sie war es selbstverständlich, dass der Beifahrer bei eiligen Einsatzfahrten mit auf die Verkehrslage achtete, vor allem bei Rechtsabbiegemanövern oder beim Überqueren von Kreuzungen mit Sonderrechten.

Das war nicht bei allen Kollegen der Fall. Solche Abläufe mussten sich oft erst einspielen, und es brauchte aktive Gespräche, um sie zu etablieren. Auch Sven hatte diese Erfahrungen machen müssen.

...

Martinshorn versus stille Anfahrt

Es war ein sonniger Mittag, als Sven und seine Streifenführerin Andrea den Einsatz bekamen: „Ladendieb bei Lidl, Königstraße 32. Der Detektiv verfolgt den Täter heimlich." Ihr Auftrag war klar: still und unauffällig nähern, um möglichst nah an den Dieb heranzukommen.

Die Königstraße war eine belebte Fußgängerzone. Menschenmassen bewegten sich gemächlich durch die Gassen, Kinder lachten, Paare flanierten. Ein Einsatz mit Martinshorn war hier undenkbar – es würde den Dieb sofort warnen und ihn die Flucht ergreifen lassen und in der Menschenmenge könnte er unbemerkt untertauchen und in einem Laden verschwinden. Andrea übernahm die

Bedienung der Sondersignalanlage und aktivierte nur das Blaulicht, während sie durch die Menge fuhren.

„Wir sind zu nah für das Martinshorn", sagte Andrea leise, als würde der Täter sie sonst hören können. Sie kamen nur langsam voran. Andrea entschloss sich daher, auszusteigen, um die Fußgänger persönlich darauf hinzuweisen, dass sie dem Einsatzwagen Platz machen sollten, wodurch Sven das Fahrzeug nun in doppelt so schnell durch die Menge lenken konnte.

Das funktionierte gut, bis sie auf eine große Gruppe von etwa zwanzig Menschen stießen, die ihnen den Weg blockierte. Die Geduld schwand, und Sven entschied, dass ein kurzer Hupton die Situation beschleunigen würde, ohne den Täter zu warnen. Doch als er gegen das Lenkrad drückte, durchzog plötzlich das laute Martinshorn die Luft. Der schrille Klang des Martinshornintervalls hielt für zwei Sekunden an, hallte zwischen den Gebäuden wider und verstummte erst dann, als die Menschen erstaunt zur Seite sprangen.

Andrea drehte sich erschrocken zu Sven um, Wut im Blick. „Was hast du getan?"

Sven erkannte schnell den Fehler: Andrea hatte die Sondersignalanlage suboptimal eingestellt. Anstelle der Blaulichttaste hatte Andrea die Blaulicht- und Martinshornhupe-Taste gedrückt, sodass beim Bedienen der Hupe einmal die Martinshornfolge abgespielt wurde, eine fatale Verwechslung.

Wenige Sekunden später kam der Ladendetektiv zu ihnen gerannt. „Er hat euch gehört!", rief er außer Atem. „Er ist verschwunden. Er muss irgendwo in der Menschenmenge untergetaucht sein."

Der Täter hatte die Sirene als Warnung genommen und war abgetaucht, bevor sie ihn überhaupt gesehen hatten.

Frustriert dachte Sven später über den Vorfall nach. Ihm war klar geworden, dass er die Verantwortung über die Sondersignalanlage niemals abgeben durfte. Außerdem würde er künftig bei jedem Einstieg ins Fahrzeug üben, die richtigen Knöpfe blind zu drücken, bis es zur Routine geworden war. Alternativ müsste Sven den Beifahrern klar sagen, welche Tasten sie drücken sollten, statt sie einfach machen zu lassen – Streifenführerin hin oder her.

Diese Erfahrung war Sven besonders wichtig, weil Andrea es nicht lassen konnte, den ganzen Rest der Schicht sauer auf ihn zu sein. Dabei war sie sauer auf sich selbst. Sogar noch in der Wache hatte sie anderen von „Svens Fauxpas" erzählt – natürlich ohne zu erwähnen, dass sie selbst die falsche Taste gedrückt hatte. Sowas wollte Sven nicht mehr erleben. Und am liebsten hätte er auch noch den Ladendieb gestellt.

> **Der Fahrer muss dem Beifahrer deutlich mitteilen,**
> **wie er ihn unterstützen soll.**

In der Enge des Fahrzeugs, die Anspannung spürbar, erinnerte sich Sven genau an den damaligen Fehler. Der Flüchtige war entkommen, weil sie – je nach Perspektive – entweder die Sondersignalanlage oder die Teamabsprache nicht im Griff gehabt hatten. Diesen Fehler würde er kein zweites Mal machen.

Stress untereinander war das Letzte, was sie jetzt gebrauchen konnten.

Als sie sich der nächsten Kreuzung näherten, passierte Sven sie kontrolliert. Keinen Stundenkilometer zu schnell, aber auch keinen zu langsam. Jede Entscheidung wurde sorgfältig abgewogen. Heute war für ihn klar: Ruhe und Präzision waren der Schlüssel. Ebenso klar war ihm, dass es in genau diesem Moment in vielen anderen Einsatzwagen hektisch und unkoordiniert zuging. Diese Art von Chaos hatte Sven schon immer gehasst.

Seine Gedanken wanderten zu Thorsten, der ihn, ebenfalls als abschreckendes Beispiel, damals gelehrt hatte, wie schrecklich eine Zusammenarbeit mit einem Kollegen sein konnte, der sich durch narzisstisches Verhalten, egoistische Entscheidungen und den ständigen Versuch, Arbeit zu vermeiden, auszeichnete. …

Fahren Sie sofort, mit Höchstgeschwindigkeit...!

Polizeimeister Sven war mit Polizeiobermeister Thorsten unterwegs. Leider. Thorsten war eine schillernde, aber ebenso problematische Figur. Er war bekannt dafür, Risiken einzugehen, während er gleichzeitig die Verantwortung von sich schob. In der Dienstgruppe galt er zudem als berüchtigt für seine unkontrollierten Wutausbrüche.

Besonders abstoßend fand Sven Thorstens Angewohnheit, Kollegen mit Details aus seiner Ehe mit Svetlana zu belästigen – einer Ehe, die das Ziel hatte, ihr die Einbürgerung zu ermöglichen. Thorsten nutzte jede Gelegenheit, sie schlechtzumachen. So beschwerte er sich darüber, dass sie sich weigerte, außerhalb der Wohnung Strapse zu tragen. Er schickte ihr während des Dienstes regelmäßig lange Listen mit Essenswünschen mit alles Details, von denen sie nicht abweichen durfte, sonst wurde sie wegen

128

Unfähigkeit beleidigt. Ein Wunsch war immer gleich: Thorsten liebte Blutwurst.

Sven erinnerte sich daran, wie Thorsten einmal ein von einem Bürger auf der Straße gefundenes Bobbycar nahm und es wiederholt gegen einen Stein schlug, bis es völlig zerstört war, nur um sich den Aufwand der schriftlichen Arbeiten auf der Wache und die Sicherstellung des Bobbycars zu ersparen, weil es ja nun nur noch Schrott war und bei den Betriebshöfen der Stadt kommentarlos entsorgt werden konnte. Solche Szenen hatten sich tief in Svens Gedächtnis eingebrannt. Doch all das verblasste im Vergleich zu dem Tag, an dem Thorstens Rücksichtslosigkeit beinahe tragische Folgen gehabt hätte.

Die friedliche Stille der Kleinstadt wurde plötzlich von der Stimme der Leitstelle durchbrochen. Sven zuckte zusammen, als das Rauschen der Funkmeldung den Streifenwagen erfüllte. Er erkannte die Stimme sofort: Martin. Obwohl sie selten zusammengearbeitet hatten, hatte Sven eine klare Meinung zu ihm – Martin war ein Kollege, den man nicht leicht vergaß, weil er zu laut, zu schnell, zu hektisch war.

Sven dachte zurück an seinen ersten Arbeitstag in seiner ersten Dienststelle nach Ausbildungsende. Das war vor einem halben Jahr. Martin war zu der Zeit krankgeschrieben, was auf der Wache fast wie eine Erleichterung wirkte. Sven hatte nicht verstanden, warum, doch das änderte sich schnell.

Die Wache verfügte acht Zellen im kleinen Gewahrsam, das mit Drucksensoren ausgestattet war, mit denen die Polizisten bei Notfällen Alarm auslösen konnte. Allerdings passierte es häufig, dass die Sensoren durch Unachtsamkeit ausgelöst wurden. Die Kollegen hatten sich an die ständigen Fehlalarme gewöhnt und reagierten oft nur halbherzig darauf. Aber nicht Martin:

Er erinnerte bei jedem Alarm jeden, der es wissen oder auch nicht wissen wollte, daran, dass es vor zehn Jahren im Gewahrsam einen SEK-Einsatz gegeben hatte, weil ein Beamter entwaffnet und als Geisel genommen worden war. Martin reagierte bei jedem Alarm, als hinge das Schicksal der gesamten Wache davon ab. „Alarm im Gewahrsam!" – und schon sprintete er los, den Flur hinunter, die Treppe hinab, als wäre er allein für die Rettung verantwortlich. Es spielte keine Rolle, ob es ein echter Notfall war oder ein Fehlalarm oder ob sich der Gewahrsamsbeamte nach Fehlauslösung sofort auf der Wache telefonisch gemeldet hatte.

Einmal, um drei Uhr morgens, stürmte Martin bei einem Gewahrsamsalarm so heftig durch eine Zwischentür, dass er das obere Glas mit dem integrierten Drahtschutz zerbrach. Scherben flogen durch die Luft, und Martins Oberkörper beugte sich vor. Dabei riss er sich den Bauch an einem der herausstehenden Drahtstücke auf.

„Autsch," ging es Sven jedes Mal leise über die Lippen, wenn er daran zurückdachte. Martin war nicht nur hyperaktiv, sondern auch chaotisch. Seine mangelnde Selbstkontrolle hatte ihm an diesem Tag eine tiefe Wunde eingebracht. Doch das hielt ihn nicht lange auf. Kaum war er wieder dienstfähig, war er zurück – genauso unberechenbar wie zuvor. Am Ende hatte man ihn mit einer Beförderungsoption zur Leitstelle versetzt, in der Hoffnung, dort würde er weniger Schaden anrichten.

Doch als Martins Stimme jetzt über Funk knarzte, erinnerte sich Sven an die zerstörte Tür und den Alarm im Gewahrsam. Viele, auch Sven, hatten gedacht, Martin könne in der Leitstelle nicht mehr so viel Chaos verursachen. Doch weit gefehlt.

So war es also dieser hyperaktive, wenig selbstkontrollierte Martin, der sprach: "Duisburg 12/41 und Duisburg 12/42 von Duisburg. FAHREN SIE SOFORT, MIT HÖCHSTGESCHWINDIG-KEIT ZUR ALTEN ESSENER SYNAGOGE! DIE WIRD AN-GEGRIFFEN!"

Oh mein Gott, das durfte nicht wahr sein. Martin redete, Thorsten hörte zu. Da sprach also eine Birne zur anderen. Thorsten knallte spontan das Gaspedal auf den Boden und flog mit dem Streifen-wagen - und Sven neben sich - auf die Autobahn A40 in Richtung Essen. Der andere Einsatzwagen war mit Oliver und Jenny be-stückt, ebenfalls Berufseinsteiger, beide mit weniger als 4 Jahren praktischer Berufserfahrung.

Es waren viele Fahrmanöver, die gerade so eben gut gingen. Thorsten fuhr wie eine besenkte Sau, viel zu schnell, ohne jede Sicherheitsreserve, schnitt andere Verkehrsteilnehmer, schimpfte lautstark über alles und jeden und verpasste schließlich die richtige Autobahnausfahrt, weil er während seiner Schimpftriaden Svens Hinweis überhört hatte - was Sven dann schuld gewesen sein sollte.

131

> **Das gute Verhältnis im Team muss
> vor dem Einsatz geschaffen,
> im Einsatz gehalten und
> nach dem Einsatz wiederhergestellt werden.**

Schweißgebadet und mit gegenseitigen Schuldzuweisungen erreichten sie die Polizei-Hundertschaft, die eine zwar angemeldete, aber dann aus dem Ruder gelaufene Demonstration begleitete. Es ging um die Rechte von Kurden. Immer mehr Polizisten aus ganz NRW kamen herangeflogen. Dennoch war die aufgebrachte Menge, die ihren Weg in Richtung Hauptbahnhof fortsetzte mit über 300 Personen lange Zeit deutlich in der Überzahl. Außerdem gab es für Sven und seine Kollegen vom Funkwageneinsatzdienst keine Einsatzmehrzweckstöcke, nur einen Gummiknüppel aus den 70ern und nur CS-Gas anstelle von Pfefferspray, ganz zu schweigen von flächendeckenden Unterziehschutzwesten. Immerhin, Sven trug eine, er hatte sie sich privat besorgt und das Land hatte ihm sogar die Hälfte der Kosten erstattet. Als der Zug der Menschen in der Fußgängerzone vor dem Essener Hauptbahnhof zum Stillstand kam und dem Hauptredner lauschte, waren sie endlich so viele Polizisten, von Polizeihunden und -pferden unterstützt, dass die Festnahme aller Demonstranten verkündet werden konnte. Sie wurden mit Bussen abtransportiert. Sven war klitschnass, zitterte ob des drohenden Gewaltpotenzial der aufgebrachten Menge und was er gar nicht gebrauchen konnte, war ein Vollpfosten an seiner Seite, der keine Verantwortung für sich und andere übernahm. Dieser Streit untereinander setzte Sven unnötig zu. So etwas wollte er nie wieder erleben.

19:55 Uhr
Innere Leistungsgrenzen

In mehreren Jahrzehnten im operativen Dienst hatte Sven oft erfahren, wie anhaltender Stress die Leistungs- und Urteilsfähigkeit beeinträchtigte, sowohl bei ihm selbst als auch bei seinen Kollegen. Schon nach wenigen Minuten intensiver Belastung wurden die Folgen spürbar: Ein Sprint ins vierte Obergeschoss, mit Schutzweste, Bewaffnung und voller Ausrüstung reduzierte die Einsatzfähigkeit am Einsatzort drastisch. Oben angekommen, war das Sprechen nur noch stoßweise möglich. Viel gravierender jedoch war, dass die Kollegen in solchen Situationen nur noch hastige, automatische Entscheidungen trafen, ohne geordnet nachdenken oder sich in andere hineinversetzen zu können.

Auch bei Verfolgungsfahrten war die Belastung immens und Energie, die bereits auf der Anfahrt verbraucht wurde, würde am Einsatzort erst recht fehlen. Die permanente Konzentration verbrauchte mentale Energie. Wenn ein Gehirn dann versuchte, Energie zu sparen, so tat es dies zuerst in den peripheren Bereichen: der Wahrnehmung des Randgeschehens. Schnell konnte es zu einem Tunnelblick kommen – eine gefährliche Einschränkung, wenn nicht alle entscheidenden Aspekte oder umstehenden Personen im Blick blieben. Das, was dann noch wahrgenommen wurde, war oft durch Automatismen vorgeprägt, die nicht immer der Situation gerecht wurden.

Sven war sich bewusst, dass nicht nur große Anstrengung zu einer eingeschränkten mentalen Verarbeitungstiefe führte, sondern

133

auch unerfüllte Grundbedürfnisse. Dieses rudimentäre Reaktions-
verhalten erinnerte Sven an die Bedürfnisse von Kleinkindern
denken: „Hunger, Durst, Pipi, müde, kalt, langweilig." Das war
besonders bei SWR-Fahrten problematisch und erst recht bei
Hochgeschwindigkeitsverfolgungen.

Während Sven mehrere Überholmanöver durchführte und hart
durch die Kurven fuhr, hielt er den Einsatzwagen spürbar knapp
unter seinen Leistungsgrenzen. Für Fabian, der auf dem Beifahrersitz saß, war dieses Fahrverhalten ungewohnt. „Du bist ein guter Fahrer", sagte Fabian schließlich, um seine Anspannung
abzubauen. Sven, der sich seiner Verantwortung bewusst war,
prüfte wie so oft seine eigene Verfassung – ein Automatismus, den
er sich über Jahre antrainiert hatte.

Nie mehr als 90 Herzschläge pro Minute, erinnerte sich Sven an einen
der wichtigsten Ratschläge, den er sich immer wieder vor Augen
führte. Wann immer er bemerkte, dass er „über 90" war, arbeitete
er aktiv daran, zurück in diesen optimalen Bereich zu gelangen.
Seine Atmung war sein Anker – ruhig, gleichmäßig, konzentriert.

Eine kurze Geradeausstrecke ohne Überholmanöver bot die Gelegenheit, eine **innere Bestandsaufnahme** zu machen. Sven
überprüfte sich selbst: Es war warm im Fahrzeug, aber er atmete
kontrolliert. Der Blick blieb klar; er hatte keine Mühe, Querverkehr, Geschwindigkeit und Fahrbahnbeschaffenheit im Auge zu
behalten. **Kein Tunnelblick erkennbar.** Alles im grünen Bereich.

Der schwarze Audi, das Ziel ihrer Verfolgung, konnte nicht weit
weg sein. Doch Sven spürte den inneren Kampf: die wachsende

Spannung und das unvermeidliche Nachlassen der Aufmerksamkeit. Es war ein altbekanntes Phänomen, das er unzählige Male erlebt hatte. Er hatte es schon so oft erlebt…

Die weite Brücke

Sven stand mit Rudi und Siggi bei 6°C in einer Montagnacht mitten auf einer verlassenen Kreuzung – Alkoholstandkontrolle. 200 Meter hinter ihnen lag ein McDonalds, welches unter der Woche bis 02:00 Uhr geöffnet hatte – und Sven spekulierte auf einen letzten Kaffee um 01:45 Uhr. Vor ihnen lag die Verlängerung einer langgezogenen Brücke über der Ruhr. Hier standen sie einmal mit einem Lasermessgerät zur Geschwindigkeitsmessung. Damit konnte man auch Entfernungen messen. So wusste Sven, dass das andere Ende der Brücke 920 Meter von ihrer Kontrollstelle entfernt war – fast einen Kilometer gerade Sicht! Und wer erst einmal auf die Brücke in ihre Richtung eingefahren war, hatte keine andere Wahl, als bei ihnen vorbeizukommen. Nach zwei Stunden Alkoholstandkontrolle im spärlichen Nachtverkehr und einem leichten Frösteln stellte sich allmählich bei allen drei Kollegen Müdigkeit ein, was an ihrer schlechter werdenden Unterhaltung ablesbar war.

Es war gegen 01:30 Uhr, als sie in der Ferne zwei neue Scheinwerfer auf sich zufahren sahen und es würde über eine Minute dauern, bis der Pkw die 900 Meter bis zu ihnen überwunden haben würde. Nieselregen setzte ein und zu Svens Erleichterung sagte Siggi: „Das ist der letzte, danach gibt's McDonalds." Sven war müde und ihm war kalt, eine Mischung aus temperaturkalt und müdekalt.

Müdekalt war dieses unangenehme Gefühl, dass man ins Bett gehen wollte, wenn der Körper schon runtergefahren hatte und nach Schlaf verlangte und einem deswegen kalt war. Noch dreißig Sekunden, bis der Wagen bei ihnen sein würde.

Verdammt - er wird doch nicht...! Doch! Er hielt rechts am Fahrbahnrand an. Da war zwar ein Parkstreifen, aber da parkten nur bei gutem Wetter Fahrzeuge, wenn sie zur Ruhr gehen und dort spazieren wollten — tagsüber. Die drei Polizisten sprangen in den Einsatzwagen. Sven war wieder der erste und hatte daher auf dem Fahrersitz Platz genommen. Sven war froh, dass er im Trockenen saß – und dass er überhaupt saß. Aber er spürte, dass sein Körper gegen diese Bewegungen rebellierte, er fühlte sich unwohl. Es war, als habe er sich im Stehen in einem schlafähnlichen Zustand befunden und man hätte ihn aus dem Schlaf gerissen. Die Gelenke fühlten sich an wie eingerostet.

Sven rief seine Automatismen ab. Motorstart, Notruftaste, Anschnallen und sobald alle eingestiegen waren Kickdown-Vollgas. Als Siggi und Rudi saßen, beschleunigte der Streifenwagen wie gewohnt. Der verdächtige Pkw hatte tatsächlich eingeparkt. Seine Lichter verloschen.

Der Streifenwagen erreichte die 100 km/h - Marke, als sie sich dem geparkten Fahrzeug näherten. Sie sahen eine recht große Person aussteigen, die sich zurück in Richtung Brücke bewegte. Sven reduzierte die Geschwindigkeit auf 50 km/h und begann in Höhe der Person weiter zu bremsen und ein zügiges Wendemanöver durchzuführen. Dabei verschätzte er sich minimal mit dem Wendekreis des Streifenwagens, sodass die Felge des rechten

Vorderreifens hörbar an dem sehr hohen Bordstein des Gehwegs entlangschrammte.

Sie konnten die Person anhalten – die bei einem freiwilligen Atemalkoholtest knapp 0,3 ‰ pustete. Keine Straftat, keine Ordnungswidrigkeit. Sie ließen den Mann laufen, der dann auch in sein Auto einstieg und weiterfuhr. Sven war wütend – auf dem Mann und auf sich selbst.

Es blieb ein Schaden von 345 Euro an der Felge. Sven musste einen Schadensmeldung fertigen und später kam noch ein Einsatzwagen von einem anderen Wachbereich, um das als Verkehrsunfall aufzunehmen. McDonalds war danach natürlich bereits geschlossen.

Nach einer Woche erhielt Sven ein Schreiben, in dem stand, dass der Schadensfall und in diesem Zuge auch die Vorwerfbarkeit und mögliche Regressansprüche gegen ihn geprüft würden. Müsste Sven die Schäden aus eigener Tasche bezahlen?

Weitere endlose zwei Wochen später kam ein vierseitiges Schreiben von der Polizeiverwaltung, dass Sven den Schaden nicht selbst tragen müsse, weil kein grob fahrlässiges Verhalten feststellbar gewesen und rückblickend auch noch kein Fehlverhalten bei ihm aufgetreten sei. Aber er wurde umfassend darauf hingewiesen, dass er künftig mehr Vorsicht im Straßenverkehr und beim Führen von Dienstkraftfahrzeugen walten lassen sollte. Puh.

Sven nahm für sich mit, dass er müdekalt nicht seine gewohnte Leistung abrufen konnte. Er brauchte dann Sicherheitsreserven.

Müdigkeit reduziert schleichend die Leistungsfähigkeit.

Sven kam wieder in der Gegenwart an. Diese Fahrten waren für ihn bereits stark automatisiert und kaum noch aufregend – auch wenn der Anlass dieses Mal außergewöhnlich war. Einen Amokfahrer zu verfolgen und zu stellen, das war eine völlig neue Herausforderung. Andere Kollegen, so dachte Sven, würden damit deutlich mehr zu kämpfen haben, da sie weniger auf eingeübte Automatismen zurückgreifen konnten und heftige Einsätze weniger gewohnt waren.

Sven dachte, dass die Lust auf neue, aufregende und intensive Erfahrungen im operativen Polizeidienst tatsächlich Befriedigung finden konnte. Er war sich aber nicht sicher, ob angesichts der enormen Action und Dringlichkeit der hiesigen Lage die Lust, dieses Sensation-Seeking eine Rolle beim Verhalten der Kollegen spielte. Nach kurzem Überlegen seufzte er und gab sich selbst die Antwort: Ja, es spielte eine Rolle.

In diesem Moment fiel ihm Jens ein, der Dienstgruppenleitervertreter von damals, der so gerne einmal bei einer Verfolgungsfahrt dabei gewesen wäre…

Polizei-BMW gegen 94er Sharan

Es war eine dieser Nächte Ende November, in denen die Kälte fast greifbar schien und eine bleierne Ruhe über allem lag. Die Straßen waren leer, die Luft schwer, und die erhofften Weihnachtsbeleuchtungen, die die dunklen Polizeinächte erträglicher machen sollten, ließen noch auf sich warten. Sven und Jens saßen im Streifenwagen und fuhren routiniert durch die stillen Außenbezirke von Bonn.

Die regennassen Bürgersteige glänzten im schwachen Licht der Straßenlaternen, und der Mond zeigte sich nur hin und wieder, wenn er sich einen Weg durch die Wolkenfetzen bahnte. Es war eine dieser Nächte, in denen selbst die Stille schwer wirkte — bedrückend, aber auch trügerisch. Es war ruhig, beinahe zu ruhig.

Jens, der dritte Mann in der Dienstgruppenleitung, saß neben Sven. Mit seinen 42 Jahren und den drei silbernen Sternen auf den Schultern eines Polizeihauptkommissars war Jens ein erfahrener Polizist, schmächtig, aber verlässlich. Er war ein Familienmensch, immer für seine Frau und Kinder da — und ebenso für die Kollegen, soweit es ihm möglich war.

Sven erinnerte sich an ein Grillfest, zu dem er einmal bei Jens und seiner Familie eingeladen worden war. Jens war ein hingebungsvoller Familienmensch, der seine Frau, seine beiden Kinder und besonders seinen großen Hund über alles liebte. Während ruhiger Momente im Dienst sprach Jens oft und mit leuchtenden Augen von seinem Vierbeiner — dem unbestrittenen Liebling der Familie.

Allerdings musste Sven schmunzeln, wenn er an die Geschichten dachte, die Jens von den Eigenheiten seines Hundes erzählte. Es war offensichtlich, dass Jens kein begnadeter Hundeerzieher war. Auch fehlte ihm die nötige Dominanz oder das Auftreten, das den Hund davon überzeugt hätte, dass Jens das Alpha des Rudels war. Diese Rolle hatte stattdessen ganz klar Jens' Frau übernommen, die der große, gutmütige Hund als Leitfigur respektierte. Jens nahm es mit Humor, doch die fehlende Führungsstärke zeigte sich nicht nur im Umgang mit seinem Hund.

Auch in der Dienstgruppe wurde deutlich, dass Jens keine natürliche Führungspersönlichkeit war. Er war zu zaghaft, zu kleinlaut, manchmal zu unsicher und nicht entscheidungsfreudig genug, um Respekt auszustrahlen. Seine Kollegen spürten, dass es ihm schwerfiel, sich mit klaren Ansagen durchzusetzen oder natürliche Autorität auszustrahlen. Doch das störte niemanden in der Gruppe. Jens war geschätzt, weil er zuverlässig, freundlich und teamfähig war – und weil er sie in Ruhe ließ. Die Dienstgruppe nahm ihn so, wie er war, und sie kamen alle gut miteinander aus.

Da Jens selten auf Streife war, wollte er die wenigen Gelegenheiten nutzen, um auch etwas zu erleben. „Wenig los heute", meinte er bedauernd und starrte aus dem Fenster, als plötzlich eine Funkmeldung aus Bonn-Mitte hereinbrach. Sofort hellte sich Jens' Gesicht auf – die Routine war unterbrochen, und es gab Aussicht auf eine spannende Wendung.

„Bonn 13/43 für Bonn. Eiliger Einsatz: Baustellendiebstahl am Rathaus. Flüchtig ist ein roter VW Sharan, Baujahr etwa 1994, mit abgeklebten Kennzeichen, flüchtet mit ausgeschalteter Beleuchtung."

Zwei weitere Einsatzwagen meldeten sich über Funk für den Einsatz an.

Sven und Jens hörten nur mit halbem Ohr zu. Der Tatort war viel zu weit entfernt und lag ohnehin nicht in ihrem Wachbereich. Während der Funkverkehr zur Verfolgung des Sharans im Hintergrund weiterlief, fuhren sie routiniert durch die kühle Nacht. Für sie wirkte der Fall wie eine Angelegenheit, die an ihnen vorbeiziehen würde – zumindest bis zu diesem Moment.

Plötzlich änderte sich alles.

„Hier Bonn 13/43 an alle. Verdächtiger flüchtet auf der Mainstraße in Richtung Rhein. Kommt auf die Grenze des Wachbereichs des 12ers zu."

Die „12er" – das waren sie, Bonn 12/45!

Jens drehte sich mit einem breiten Grinsen zu Sven um, seine Augen leuchteten vor Aufregung. „Boah, geil! Ich hatte schon ewig keine Verfolgungsfahrt mehr!"

Doch hinter seinem Enthusiasmus arbeiteten in Jens zwei Gedanken gleichzeitig. Einerseits war da das Kribbeln der Aufregung, das Gefühl von Abenteuer, das Jens so sehr liebte. Das Sensation Seeking in ihm wollte die Spannung spüren, die Sirenen heulen hören und Teil einer dramatischen Verfolgung sein – ein Erlebnis, das seinen sonst so ruhigen Dienstalltag durchbrechen würde. Andererseits regte sich in ihm auch eine leise Sorge: Jens ging körperlichen Auseinandersetzungen stets aus dem Weg, aber das war im Einsatz nicht immer zu vermeiden.

Sven erwiderte Jens' Grinsen kurz, doch seine Miene wurde sofort wieder ernst. Ohne ein Wort lenkte er den Streifenwagen ruhig und mit präziser Kontrolle in Richtung der Einmündung, die direkt an der Grenze ihres Wachbereichs lag. Sie befanden sich nun auf einer unbefahrenen Nebenstraße, ihre Fahrzeugfront in Richtung Mainstraße und 40 Meter von dieser entfernt. Die Straßen waren menschenleer, und nur das schwache Licht der die

141

Landstraße flankierenden Straßenlaternen tauchte die Szenerie in ein kühles, stilles Grau.

Sven schaltete die Fahrzeugbeleuchtung aus, und für einen Moment hielten beide den Atem an.

Von ihrer Position aus hatten sie eine perfekte Sicht auf die Mainstraße. Der Mond schimmerte matt durch die Wolken, und die fernen Funkmeldungen der Kollegen klangen wie ein unterschwelliger Puls in der Stille. „Wir haben nur einen Vito – der hängt uns auf der geraden Strecke ab", meldete einer der verfolgenden Streifenwagen mit hörbarer Frustration.

Sven ließ seinen Blick in die Ferne schweifen und entdeckte schließlich den Wagen. Ein dunkler, unbeleuchteter Pkw näherte sich mit hoher Geschwindigkeit, gefolgt von blauen Rundumlichtern der Kollegen, die Mühe hatten, mitzuhalten. Jens griff sofort zum Funkgerät.

„Bonn 12/45 übernimmt. Wir sind in Position an der Bereichsgrenze!"

Sven wartete den perfekten Moment ab, dann schaltete er die Scheinwerfer ein, aktivierte Blaulicht und Martinshorn. Der rote Sharan raste genau in diesem Moment direkt an ihrem Fahrzeug vorbei.

Der Fahrer des Sharans erschrak sichtlich. Er hatte sich offenbar zu sehr auf seinen Rückspiegel konzentriert und gesehen, wie der Abstand zu seinen Verfolgern größer wurde. Sven konnte für einen kurzen Moment das Gesicht des Mannes erkennen, dessen Miene vor Schreck entgleiste. Der Flüchtige hatte sich zu früh gefreut, die Polizei abgeschüttelt zu haben. Doch jetzt war Sven an ihm dran – konzentriert, entschlossen. Mit einem schnellen Handgriff schaltete er den leistungsstarken BMW in den Sportmodus. Sofort reagierte der Wagen noch direkter auf Gasbefehle, die Lenkung wurde straffer, die Beschleunigung brutaler. Perfekt für diese Situation, in der Sekundenbruchteile über Erfolg oder Scheitern entschieden. Der Sharan hatte keine Chance, das war klar. Es war wie das unvermeidliche Spiel zwischen Maus und Katze – nur dass die Maus sich auf offener Fläche befand, ohne Versteck, ohne Ausweg, und die Katze bereits zum Sprung ansetzte.

Jens rutschte freudig auf seinem Sitz herum. Endlich Action! Nach zu viel Büroarbeit und einigen ruhigen Nachtschichten seit seiner Beförderung war dies genau das, wonach er sich gesehnt hatte.

Doch trotz seiner Aufregung mischte sich ein Hauch von Unbehagen in seine Gedanken. Was, wenn der Fahrer die Kontrolle über das Fahrzeug verlieren oder aussteigen und mit Gewalt gegen die Polizisten vorgehen würde? Jens war sich seiner körperlichen Schwäche bewusst und wusste, dass er nicht derjenige war, der einen aggressiven Täter sicher zu Boden bringen konnte. Doch er atmete tief durch, als ihm einfiel, dass Sven an seiner Seite war – erfahren, ruhig und jemand, der mit Widerstand umzugehen wusste. Die Mischung aus Vorfreude und Respekt vor der möglichen Eskalation hielt Jens wachsam, während Sven bereits mit kühler Präzision die Verfolgung aufnahm.

Sven drückte das Gaspedal kräftig, aber nicht bis zum Anschlag, und manövrierte den BMW zunächst aus der engen Nebenstraße. Mit präzisen Lenkbewegungen bog er vorsichtig nach links auf die

Hauptstraße ein, stets darauf bedacht, die Kontrolle über das Fahrzeug zu behalten, während es an Geschwindigkeit gewann. Als er die Lenkung stark einschlug und das Gaspedal gedrückt hielt, leuchtete das ESP-Lämpchen auf. Die Traktionskontrolle griff ein und regelte den Grip der Reifen, was im Fahrzeug deutlich spürbar war. Sven spürte, wie der Wagen kurz stabilisiert wurde, um das Durchdrehen der Räder zu verhindern. Genau das hatte er erwartet – und es gab ihm die nötige Sicherheit, direkt nach dem Abbiegen ohne Stabilisierungsprobleme Vollgas geben zu können.

Am Ende der Kurvenfahrt trat Sven das Gaspedal durch. Für den Bruchteil einer Sekunde geschah scheinbar nichts – doch im Hintergrund schaltete der BMW automatisch blitzschnell einen Gang herunter, um die volle Leistung abrufen zu können. Dann schlug die geballte Kraft des Fahrzeugs zu. Der BMW schoss mit brutaler Wucht nach vorne, die Räder griffen entschlossen auf dem Asphalt. Jens wurde förmlich in den Sitz gepresst, als die Beschleunigung sie nach vorne katapultierte. Der Sharan donnerte über die Landstraße, die parallel zum Rhein führte, doch er kam nicht weit. Sven jagte den Streifenwagen die Straße entlang, und schon nach wenigen Sekunden war er dem Sharan dicht auf den Fersen. Jens schaute ungläubig, gerade einmal 20 Sekunden waren vergangen, seit sie die Verfolgung aufgenommen hatten, als es passierte.

Die Strecke wurde plötzlich stockdunkel. Mit Ausfahrt aus dem Bereich der Stadt Bonn waren die Straßen unbeleuchtet. Der Fahrer des Sharan erkannte im letzten Moment, dass die Straße in eine lange Linkskurve mündete. Zu spät. Der Wagen touchierte den rechten Bordstein, schlingerte über den Gehweg und krachte gegen einen Zaun. Er driftete wieder nach links, rutschte auf den linksseitig unbefestigten Grünstreifen und überfuhr einen Leitpfosten, bevor er nur zwei Meter vor einem Baum zum Stillstand kam.

Svens harte Bremsung brachte den BMW in sicherem Abstand abrupt zum Stillstand. Sven sprang aus dem Wagen und rannte entschlossen mit gezogener Taschenlampe zum verunfallten Wagen. Jens hatte Mühe, mitzuhalten, war aber immer dicht bei Sven. Der Fahrer des Sharan, sichtlich geschockt und leicht verletzt, gab sofort auf, die Hände in die Höhe gereckt. Er hatte keine Chance mehr.

„Polizei! Keine Bewegung! Die Hände da, wo ich sie sehen kann!" rief Sven und näherte sich mit Jens. Die Verhaftung verlief ruhig und schnell, ohne weiteren Widerstand. Sekunden später trafen drei weitere Streifenwagen ein. Die rechtsseitigen Felgen des roten Sharan waren zerstört, doch der Fahrer selbst hatte unglaubliches Glück gehabt: Ein frontaler Zusammenstoß mit dem Baum hätte dem Fahrer schwerste Verletzungen beigebracht: Er hatte dutzende Schieferplatten gestohlen und im Kofferraum auf der umgeklappten Rücksitzbank lose deponiert. Eine starke Bremsung oder gar ein frontaler Unfall hätten diese unweigerlich nach vorne geschleudert und den Fahrer vermutlich böse getroffen.

Jens war nach dem kurzen Adrenalinschub sichtlich enttäuscht, er schaute wie ein begossener Pudel. Als der Adrenalinpegel sank, ließ er die Schultern sinken und schaute zu Sven. „Das war's? Nur zwanzig Sekunden Verfolgung?" fragte er, und in seinem Ton klang ein Hauch von Frust mit. „Ich dachte, mit Dir wird es spannender."

Sven klopfte ihm auf die Schulter und schüttelte leicht den Kopf. „Tut mir leid, Jens. Es ging um Gefahrenabwehr und sekundär darum, dass wir ihn haben. Wenn bei einem Einsatz für Dich die Möglichkeit abfällt, Dein Sensation-Seeking zu befriedigen ist es gut, wenn nicht, dann beim nächsten Mal."

Für Sven gehörten Action und ein gewisser Nervenkitzel zwar zum Alltag eines operativ arbeitenden Polizisten, doch er wusste, dass solche Momente nie der Fokus sein durften. Sie ergaben sich von selbst, während Sicherheit und Einsatzerfolg immer an erster Stelle standen. Sven erlebte immer wieder Kollegen, die scheinbar mehr von der Arbeit erwarteten – die glaubten, die Polizei sei ein permanentes Abenteuer voller riskanter Einsätze und krasser Festnahmen. Doch für solche Erwartungen gab es Alternativen: eine Playstation oder ein Bungee-Jump, weit weg von der Verantwortung, die der Polizeialltag wirklich mit sich brachte.

**Für Dein Sensation-Seeking: Geh Bungee-Jumpen.
Sicherheit und Einsatzerfolg gehen vor.**

Sven hatte gerade kein Interesse an Sensation Seeking, er wollte den Einsatz zu einem sicheren, schnellen Ende bringen. Es stand einfach zu viel auf dem Spiel.

Eine neue Funkmeldung zum Standort des gesuchten Audis ließ Sven augenblicklich hart nach links abbiegen. Ein Blick auf die Anzeigen verriet ihm, dass seit ihrer Alarmierung bereits fünf

Minuten vergangen waren – fünf Minuten in Hochstress. Und der Einsatz würde noch einige Minuten weitergehen. Sven wusste aus Erfahrung, wie gnadenlos dieser Zustand binnen kürzester Zeit die Leistungsfähigkeit aller Beteiligten beeinträchtigen konnte, egal ob Fahrer oder Beifahrer. Die Reaktionen wurden langsamer, die Wahrnehmung eingeschränkter, die Fähigkeit, Risiken richtig einzuschätzen, nahm ab. Es fühlte sich an wie die Verfolgung eines flüchtenden Täters zu Fuß: fünf Minuten volle Konzentration, durch enge Gassen, über Hindernisse und ständig in höchster Alarmbereitschaft – es zehrte an jedem Muskel und raubte die Luft, bis der Körper anfing, zu streiken.

Viele Kollegen unterschätzten den Stress, den eine solch dramatische Einsatzfahrt mit sich brachte. Sie glaubten, der Adrenalinschub würde sie leistungsfähiger machen, doch Sven wusste es besser. Stress war nämlich auch ein stiller Gegner, der unbemerkt Konzentration und Präzision raubte, wenn man nicht auf der Hut war. Natürlich war Stress hilfreich – wenn er sich in einem moderaten Rahmen hielt.

Es erinnerte ihn an die Sicherheitseskorten für die Teilnehmer der Energieministerkonferenz, bei der jede Sonderwegerechts-Begleitungsfahrt bis zu 20 Minuten dauerte – brutal lange unter solchen Bedingungen. Damals hatte er gelernt, dass dieser Stress nicht nur zehrte, sondern auch gefährlich werden konnte, wenn man nicht rechtzeitig gegensteuerte.

Chaos der Energieministerkonferenz

2007. Die Energieministerkonferenz stand vor der Tür. Die Minister der G8-Staaten sowie Minister aus China, Indien und weiteren EU-Staaten trafen sich in Essen. Sie würde bei der Polizei nicht nur die Personaldecke, sondern vor allem den Fuhrpark auf eine harte Probe stellen. Sven war eigentlich seit über einem Jahr Teil der Alkoholsonderstreife und verbrachte seine Nächte mit seinen deutlich älteren Kollegen Rudi und Siggi auf den Straßen. Für einige Tage wurde Sven aus seinem gewohnten Rhythmus herausgenommen und dienstlich bei der Konferenz eingesetzt.

Alle Polizisten, die an der Begleitung der Energieminister beteiligt waren, mussten die geplanten Routen im Detail kennenlernen und mehrfach abfahren. Sven saß daher bereits seit Stunden hinter dem Steuer, während er sich gemeinsam mit seinem Beifahrer, dem jungen Robin, die Strecken zu den wichtigsten Orten der Konferenz einprägte: vom Flughafen zum Hotel, vom Hotel zum Konferenzort, namentlich der Villa Hügel und wieder zurück.

Es war eine konzentrierte, intensive Fahrt, bei der jedes Abbiegen, jede Kreuzung und jede potenzielle Gefahrenstelle im Gedächtnis bleiben musste. Am Ende des Tages spürte Sven ein dumpfes Pochen im Kopf. Die Kopfschmerzen waren das Ergebnis stundenlanger Anspannung, hoher Konzentration und des ständigen Navigierens durch die ihm noch unbekannten Nachbarstadt – Sven und Robin waren Teil der Polizei Mülheim an der Ruhr.

Sie ließen es sich dennoch nicht nehmen, die Villa Hügel zumindest einmal von außen zu sehen – dieses berühmte Bauwerk der

Familie Krupp. Als Sven den Einsatzwagen langsam an der Villa vorbeifuhr, fiel ihm sofort die imposante Präsenz des Gebäudes auf. Das helle, schlossartige Bauwerk thronte majestätisch zwischen alten, hohen Bäumen und war umgeben von einem weitläufigen, gepflegten Park. Die breiten Treppen und das Säulenportal strahlten klassische Eleganz aus, während die großen Fenster das Licht der Abendsonne einfingen und die Fassade in sanftem Glanz erstrahlen ließen.

Die Umgebung war ebenso beeindruckend: Mächtige Eichen und Buchen säumten die Auffahrt, und in der Ferne funkelte der Baldeneysee im Licht. Der Anblick vermittelte eine Atmosphäre von Würde und Ruhe, als wäre die Villa Hügel eine stille Zeugin vergangener Zeiten und bedeutender Entscheidungen.

Auf dem Rückweg zur Dienststelle bemerkte Sven, wie erschöpft er war – und wie fordernd die nächsten Tage werden würden. Dabei hatte die Konferenz noch nicht einmal begonnen. Aber er wusste auch, dass es keine Option war, unvorbereitet in den Einsatz zu gehen. Wenn er später während der Begleitungen spontan reagieren musste, durfte es keine Unsicherheiten geben.

Am ersten Tag der Konferenz trafen sich die 80 Polizisten der Begleitkommandos zusammen mit den Kollegen der Führungsgruppe. Doch bereits jetzt zeichnete sich ein Problem ab. Eigentlich sollte jeder der 20 Minister in einem Audi A7 von einem Bundeswehroffizier chauffiert und von zwei Polizeifahrzeugen eskortiert werden. Das Konzept war klar: Ein Führungsfahrzeug vorneweg, der A7 in der Mitte und ein Schlussfahrzeug hinterher.

Doch kurzfristig hatten sich zwei weitere Minister aus zusätzlichen Staaten angekündigt, die ebenfalls chauffiert und begleitet werden mussten. Damit war das übersichtliche Konzept der festen Teams hinfällig. Der Führungsgruppe fiel nichts ein, als nun stets spontan zwei Polizeifahrzeuge mit Sonderrechten und, wenn nötig, Wegerechten an die jeweiligen Abholorte zu entsenden. Immerhin konnten zwei weitere Audi A7 organisiert werden – doch zusätzliche vier Einsatzwagen und acht Beamte für zwei Tage? Das schien aus Ressourcengründen unmöglich.

Sven spürte, wie sich die Anspannung im Raum breit machte. Unkoordinierte Einsätze und improvisierte Teams waren immer ein Risiko – erst recht bei einem Event dieser Größenordnung. Die Herausforderung war klar: Es durfte nicht der kleinste Fehler passieren.

Die drei wichtigen Regeln für das Überleben der Minister waren:

1. Ständig mindestens mit Blaulicht fahren.

2. Nie anhalten, notfalls Wegerechte in Anspruch nehmen.

3. Im Verbund sehr dicht hintereinanderfahren, damit sich niemand dazwischendrängen kann, insbesondere auf der Autobahn.

Und schon ging es los. Hektisch wurden die ersten acht Teams zu verschiedenen Düsseldorfer Flughafen-Gates entsandt. Sven hatte gesehen, dass die Führungskräfte mit Papier und Stift arbeiteten – hatte niemand den alten Herren der Generation Schreibmaschine erklärt, dass man mit Excel oder sogar mit Word übersichtlicher arbeiten konnte? Es war ein logistischer Albtraum, den sie nun kompensieren durften - mit Alarmstarts und SWR-Fahrten. Sven dachte an Alarmstarts eine Flugrotte mit F16-Abfangjägern, wenn ein russisches Flugzeug in Luftraum eindrang, in den es nicht gehörte. Sven und Robin fuhren zu Gate B2, 15 Minuten entfernt, bei dem mäßigen Verkehr, mit richtig Gas geben aber nur 9 Minuten. Sie hatten 19 Minuten Zeit. Der Flieger mit dem belgischen Minister an Bord würde gleich landen, aber er würde sich seinen Koffer nachbringen lassen, sprich es würde keine Verzögerung durch Gepäckausgabe geben.

Sie fanden den Audi A7 des belgischen Ministers und mussten nur kurz warten. Der Bundeswehroffizier erschien wie aus dem Nichts und öffnete einem groß gewachsenen Mann mit markanter Erscheinung die Tür. Es war Marc Verwilghen, dessen aufrechte Haltung sofort einen Eindruck von Selbstbewusstsein und Autorität vermittelte. Sein schütteres, leicht ergrautes Haar war akkurat nach hinten gekämmt, was ihm ein gepflegtes und seriöses Aussehen verlieh. Er trug eine schmale, rechteckige Brille, die ihm einen intellektuellen Ausdruck gab, und seine Augen blickten wachsam und fokussiert, als er die Umgebung im Blick behielt. Er hielt kurz inne, schaute sich um und stieg erst dann hinten rechts in den Audi A7.

Sven war auf dieser Fahrt Fahrer des Führungsfahrzeugs. Er sah in seinem Rückspiegel, der Offizier blendete zwei Mal auf, um zu signalisieren, dass es losgehen konnte. Robin schaltete das Blaulicht ein, das Schlussfahrzeug tat dasselbe. Sven fuhr los, war aber angespannt, bis sie nach wenigen Minuten die Auffahrt der Autobahn in Richtung Essen nahmen. Vor ihnen erstreckte sich die A52, eine der wichtigsten Verbindungen zwischen den beiden

Städten, und Sven wusste, dass diese Strecke eine besondere Herausforderung würde. Hinter ihm fuhr der A7 dicht aufgeschlossen, gefolgt vom Schlussfahrzeug der Polizei, das ebenfalls kaum Abstand ließ. Die Anweisung war eindeutig: dicht auffahren und verhindern, dass sich irgendjemand dazwischendrängen konnte.

Das Verkehrsaufkommen war hoch und an diesem Vormittag war die rechte Spur war locker gefüllt mit Lkw und Pendlern, weshalb Sven auf der Überholspur blieb. Immer wieder musste er den Verkehr ein Stück weit vorausahnen – besonders bei Fahrzeugen, die ausscherten, um zu überholen. Dabei durfte er nie abrupt bremsen; ein zu plötzliches oder zu starkes Bremsen könnte den Audi direkt hinter ihm zum Auffahren bringen, und das musste unter allen Umständen vermieden werden. Stattdessen hielt er den Fuß leicht auf dem Gas und achtete darauf, sanft zu beschleunigen oder die Geschwindigkeit behutsam zu reduzieren, wenn es nötig war.

Die Lichter blitzten im Takt vor ihm, die Streifen des Blaulichts huschten über den Asphalt und die Leitplanken, als Sven den Blick kurz in den Rückspiegel lenkte. Hinter ihm folgte der Audi des Ministers mit nur wenigen Metern Abstand, während das Schlussfahrzeug, welches kaum merklich leicht nach rechts versetzt fuhr und so die Kolonne abschirmte. Die Geschwindigkeit pendelte bei etwa 130 km/h – es war seine Verantwortung, einen gleichmäßigen Fluss zu halten.

Doch plötzlich zog aus der langen Fahrzeugschlange des rechten Fahrstreifens, der bei 90 Km/h nur gemächlich vorankam, ein schwarzer BMW ohne Vorwarnung von der rechten auf die linke

Spur, scheinbar ahnungslos gegenüber der Geschwindigkeit der Kolonne und ihrem Blaulichtgewitter. Sven spürte den Adrenalinstoß und reagierte blitzschnell: Sein Fuß bremste ab – mittelstark, aber es genügte, dass der Audi hinter ihm bedrohlich nahekam und Sven schon den imaginären Aufprall spürte. Den Minister hatte es ob der harten Bremsung bestimmt ordentlich durchgeschüttelt.

In diesem Moment wurde ihm klar, dass jede Bremsung, selbst die geringste, eine Kettenreaktion in der Kolonne auslösen konnte. Wie sollte der Bundeswehroffizier so lange eine so hohe Konzentration aufrechterhalten? Unverantwortlich, was da von ihnen gefordert wurde. Ein wenig Wut stieg in Sven auf, aber er hatte keine Zeit, sich dem Gefühl weiter zu widmen, er musste achtsam bleiben und sich seine Energie gut einteilen.

Der Adrenalinstoß pochte noch immer in seinem Kopf, aber Sven zwang sich zur Ruhe. Er atmete tief durch und ließ seine Gedanken schnell über das Szenario gleiten: Was, wenn er den Audi-Fahrer hinter ihm nicht nur durch die Bremslichter warnte, sondern ihm eine Sekunde mehr Vorlauf geben konnte? Er würde weniger hochkonzentriert sein müssen und könnte sanfter bremsen. Allein an den roten Bremslichtern war die Stärke der Bremsung ja nicht ablesbar.

Eine Idee begann, Form anzunehmen. Er erinnerte sich an Fahrten, bei denen ein kurzer Blick auf das Warnblinklicht sofort seine Aufmerksamkeit auf sich gezogen hatte. Vielleicht könnte ich ihm genau so eine Sekunde geben, dachte er. Das Warnblinken würde dem Audi-Fahrer einen Moment geben, sich auf die kommende

Verzögerung vorzubereiten, bevor Sven tatsächlich mehr als nur leicht bremste. Diese eine Sekunde Vorwarnung konnte den Unterschied machen – den entscheidenden Moment, den der Fahrer hinter ihm brauchte, um ebenfalls stärker abzubremsen. Das war machbar. Sven konnte sich lebhaft vorstellen, dass der Offizier zusätzlich zu allem anderen einen aufmerksamen Blick auf Svens Bremslichter hatte und ständig vor der Frage stand, ob ein Aufleuchten nun eine sanfte oder stärkere Verzögerung des Vorausfahrenden bedeutete. Und Sven wusste auch, dass durch die häufigen Funktionswechsel er bald auch Fahrer des Schlussfahrzeugs sein würde – und mit denselben Schwierigkeiten konfrontiert sein würde.

Sven beschloss, künftig immer dann, wenn eine mehr als sanfte Verzögerung nötig war, auch das Warnblinklicht kurz aufzublitzen zu lassen.

Während sie die ersten Kilometer auf der Autobahn hinter sich ließen, tauchten am Rand der Strecke große Schilder auf: „Essen 25 km" und „Achtung Baustelle in 5 km". Sven wusste, dass die Baustelle eine Engstelle bedeuten würde, die er so schnell und reibungslos wie möglich passieren musste, damit die Kolonne nicht in einen unerwünschten, kurzen Stau geriet. Vorher kreuzten sie die beeindruckende Rheinkniebrücke, die kurz das Panorama des Rheins unter ihnen offenbarte, mit Frachtschiffen, die träge den Fluss hinabfuhren. Svens Blick in den Rückspiegel zeigte ihm den Minister, der nicht wie für Minister und Staatsoberhäupter üblich, während der Fahrt telefonierte oder am Laptop saß: Herr Verwilghen blickte durch die Gläser seiner Brille auf die Landschaft, in die

Ferne. Was er wohl dachte? An die Energieinfrastruktur in Deutschland? Private Probleme? An seine Frau?

Je weiter sie nach Norden kamen, desto grüner wurde die Umgebung. Die grauen Industrieanlagen und die dichten Wohnblöcke von Düsseldorf wichen allmählich einer sanften, hügeligen Landschaft. Vor ihnen lagen Felder und Wälder, die sich entlang der Autobahn erstreckten, nur unterbrochen von kleinen Gewerbegebieten und ein paar Windrädern, die ruhig in der Ferne ihre Kreise drehten.

Als sie die Baustelle mit ihren Rechts-/ Linksverschwenkungen erreichten, ging Sven leicht vom Gas, um unliebsamen Bremsmanövern vorzubeugen. Sven hatte sich die Stelle am Vortag gemerkt. Bei jedem von Svens Fahrmanövern hielt der Fahrer des Audi A7 perfekt die Spur und den Abstand, und Sven atmete etwas durch. Noch etwa zehn Minuten Fahrt, dachte er, und sie wären an der Villa Hügel. Die Beschilderung wies nun auf Essen-Zentrum und den Baldeneysee hin. Hier wurde die Autobahn kurviger, und die sanften Hügel der Landschaft sorgten dafür, dass der Weg nicht eintönig wurde. Noch einmal konnten sie zwischen den Bäumen die Ruhr sehen, die parallel zur Autobahn floss und im Sonnenlicht glitzerte. Gar nicht weit von hier befand sich die Brücke, bei der Sven acht Monate zuvor die Felge eines Einsatzwagens beschädigt hatte.

Schließlich nahmen sie die Abfahrt Richtung Villa Hügel und bogen auf die breiten Straßen ein, die direkt durch den Essener Stadtteil Bredeney führten. Die Häuser hier waren elegant und zeugten von Wohlstand – Villen mit großen Gärten, gepflegten Hecken und alten Bäumen, die Schatten spendeten. Die eingespielte Kolonne hielt das Tempo, bis der Verkehr plötzlich ins Stocken geriet.

Vor ihnen baute sich ein Rückstau an einer roten Ampel auf, und die Kolonne kam zum Stehen. Während Sven zum Martinshorn griff und es aktivierte, schoss ihm ein Gedanke durch den Kopf, der ihn in solchen Momenten immer begleitete: Was, wenn jemand die Situation ausnutzte? Anhalten bedeutete Verwundbarkeit, und die Sorge, dass ein Angreifer die Gelegenheit für einen Anschlag nutzen könnte, ließ ihn unruhig werden. Doch dann ertönte das durchdringende Signal, und die wartenden Fahrzeuge vor ihnen begannen, sich langsam zur Seite zu bewegen. Links und rechts schufen die Fahrer Platz, sodass die Kolonne zügig durch die Ampelkreuzung weiterfahren konnte.

Nun konnte die Kolonne wieder Fahrt aufnehmen und den letzten Anstieg zur Villa Hügel bewältigen. Die Fahrzeuge blieben eng zusammen, während sie die breite, gepflegte Auffahrt nahmen. Kurz vor dem Ziel bog Sven scharf links ab, als sie die Einfahrt zur Villa Hügel erreichten. Die mächtigen Tore öffneten sich langsam, und die Auffahrt führte direkt zum Haupteingang.

Hier trennten sich die Wege: Sven und das Schlussfahrzeug bogen nach links ab und nahmen den äußeren Zufahrtsweg, der um die Villa führte, während der Audi A7 den Minister direkt vor den Eingang fuhr. Sven beobachtete im Rückspiegel, wie der Minister ausstieg und persönlich empfangen wurde. Mission erfüllt – zumindest für diese Fahrt. Doch Sven wusste, dass der Tag noch

lange nicht vorbei war und er bald wieder in die nächste Beglei-
tungs-Fahrt starten würde.

Sechs Stunden und zwei weitere Fahrten später befanden sie sich
wieder in der Polizeiunterkunft, in die schon länger keine Reno-
vierungsinvestitionen getätigt wurden. Da tat sich die nächste Herausforderung auf: Der italienische Energieminister musste
kurzfristig abreisen und zum Flughafen gebracht werden, und
zwar direkt ans Gate B-1, bis fast ans Flugzeug. Wie immer galt:
kein Stillstand, egal was passierte. Es gab immer die Möglichkeit
eines Zwischenfalls, und jede Verzögerung könnte ausgenutzt
werden.

Sven war diesmal nicht an der Spitze, sondern fuhr als hinterstes
Fahrzeug in der typischen Drei-Fahrzeuge-Kolonne. Auf dem
Weg zum Flughafen gab es keine Probleme, und Sven konzentrierte sich darauf, den Abstand zum Fahrzeug vor ihm möglichst klein zu halten, damit niemand dazwischenfahren konnte.
Außerdem fuhr er gegenüber den anderen beiden Fahrzeugen minimal nach rechts versetzt: Das fühlte sich besser an. Es markierte
den Schluss der Kolonne, zeigte Vorausfahrenden, dass da noch
ein drittes Fahrzeug war und versetztes Fahren ermöglichte einen
besseren Überblick nach vorn.

Doch als sie das Flughafengelände erreichten, bemerkte Sven
plötzlich, dass die vorausfahrenden Kollegen einen falschen Weg
eingeschlagen hatten. Statt zu Gate B-1, fuhren sie zu Gate B-2,
mehrere hundert Meter entfernt. Sven wusste, dass es jetzt heikel
wurde. Beim hektischen Aufbruch hatten sie sich untereinander

nicht bzgl. des Funkkanals abgestimmt, sodass sie jetzt nicht spontan mit dem Führungsfahrzeug Kontakt aufnehmen konnten.

Als die Kolonne daher schließlich an Gate B-2 zum Stehen kam, versuchte der Fahrer des Führungsfahrzeugs, sich zu orientieren und den Fehler zu korrigieren. Doch Sven saß im hintersten Auto und spürte, wie die Zeit sich dehnte. Jede Sekunde Stillstand erhöhte das Risiko, dass jemand auf die Kolonne aufmerksam wurde, der es nicht sollte. „Wir dürfen nicht stehen bleiben," dachte Sven an den Leitsatz zum Schutz der Minister, als er die Umgebung beobachtete und nach potenziellen Gefahren Ausschau hielt. Nervosität breitete sich in ihm aus, und er spürte, wie die Anspannung ihn beinahe lähmte – oder war es Erschöpfung?

Der Beifahrer des Führungsfahrzeugs war ausgestiegen und sprach mit dem Fahrer des Audis. Gottseidank stieg der Kollege gleich danach wieder in den Streifenwagen und die Fahrt ging weiter.

Sven bemerkte, wie seine Konzentration nachließ. Seine Augen waren weit geöffnet, aber sie fühlten sich schwer an, und seine Gedanken waren langsamer als zu Beginn des Einsatzes. Er wusste, dass er in einem kritischen Moment möglicherweise nicht mehr schnell genug reagieren würde. Also griff er in das Handschuhfach und zog einen Müsliriegel hervor. Dieser würde seinem Energiehaushalt guttun, aber um eine Konzentrationspause kam Sven nicht herum. Er kaute langsam, während er die Straße vor sich im Auge behielt, und spürte fast sofort, wie die Glukose aus dem Riegel ihm einen vorübergehenden Energieschub gab.

Achte auf Deinen Energiehaushalt.
Nimm Erschöpfung ernst.

Nach nur weiteren zwei Minuten erreichten sie ihr Ziel. Hier nahm Sven einen großen Schluck Wasser aus der Flasche, die er in seiner Fahrzeugtür aufbewahrte. Die kühle Flüssigkeit erfrischte ihn und half, die Kopfschmerzen, die er erst jetzt zulassen konnte, etwas zu lindern. Er wusste, dass Wasser den Stoffwechsel ankurbelte und auch die Effekte von Stress mildern konnte. Es war ein kleiner Moment der Regeneration, aber ein wichtiger. Kurz darauf spürte er, wie sich seine Konzentration stabilisierte und die Nervosität etwas nachließ.

„Robin, ich glaube, du musst jetzt übernehmen," sagte Sven schließlich. Robin blickte ihn kurz an, überrascht, aber nickte dann entschlossen. Sie hatten in den letzten Einsätzen besprochen, dass sie sich notfalls abwechseln würden, um die Erschöpfung zu kompensieren, falls die Einsatzzeiten zu lang wurden. **Erst genierte Sven sich für seine Frage**, vor allem, weil sie ja nun einfach in Ruhe zur Unterkunft fahren konnten, **aber im Nachhinein war er froh.** Jetzt war Robin am Steuer, und Sven konnte für einen Moment die Augen schließen, seine Gedanken sammeln und sich darauf vorbereiten, in der nächsten kritischen Phase wieder hellwach zu sein. Aber eigentlich wollte er nur ins Bett. Sein Wunsch wurde unerwartet wahr, als er nach nur dreißig Minuten in der Unterkunft für den aktuellen Tag entlassen wurde. Außerdem würden sie am nächsten Tag bereits wieder um 6 Uhr vor Ort topfit an der Unterkunft erwartet.

Als Robin am zweiten und schon letzten Tag der Konferenz das Steuer übernahm und Sven sich auf die Navigation konzentrieren konnte, war Sven abermals froh. Zur Erholung von den Strapazen des letzten Tages hatte die letzte Nacht nicht genügt. Sven war selbst überrascht, dass ihn die Anstrengung des vorherigen Tages heute noch so beeinflusste. Robin meisterte die Fahrten souverän, und Sven spürte, wie das Abgeben der Kontrolle ihn gleichzeitig entlastete und ihm eine Chance gab, neue Kraft zu schöpfen. Es war eine Entscheidung, die er früher wahrscheinlich nicht getroffen hätte – aus Stolz, aus dem Gefühl heraus, immer selbst die Kontrolle behalten zu müssen. Doch jetzt **erkannte er, wie wichtig es war, die eigene Leistungsfähigkeit realistisch einzuschätzen, dazu zu stehen und seine Ressourcen klug zu nutzen.**

Sven verstand, dass die Belastung, die er während der Eskorten erlebte, nicht nur eine mentale Herausforderung war. Es war eine biochemische Tatsache, dass sein Gehirn mit der Zeit immer weniger effizient arbeitete, wenn es pausenlos auf Hochtouren lief. Die Glukoseversorgung wurde erschöpft, und das angesammelte Adenosin ließ Müdigkeit und Reaktionsschwäche aufkommen. In solchen Situationen war es hilfreich, schnell neue Energie zuzuführen, aber auch zu erkennen, wann eine Pause oder eine Ablösung notwendig war. Der Müsliriegel und das Wasser gaben ihm die Möglichkeit, für kurze Zeit seine Energiereserven aufzufüllen. Energy-Drinks wären eine schlechtere Wahl gewesen. Allein das Koffein hätte einen positiven Effekt, aber es hätte nur über die Müdigkeit hinweggetäuscht und ihn später umso müder und unkonzentrierter werden lassen. Viel wichtiger war die Bereitschaft,

Robin ans Steuer zu lassen, um selbst wieder klarer denken zu können, wenn der nächste herausfordernde Moment kam. Es war ein Balanceakt, die Kontrolle zu behalten und gleichzeitig die eigenen Grenzen zu respektieren.

Zurück in der Gegenwart der Verfolgungsfahrt, noch immer ohne Sichtkontakt, griff Sven zielsicher in seine Jackentasche, zog einen Müsliriegel heraus und biss die Hälfte ab, wenngleich er heute viel routinierter war und weniger Hochstress hatte. Er atmete tief durch.

„Alles gut, Sven?" fragte Fabian. „Ja, mir geht es sehr gut und das muss auch so bleiben", antwortete Sven und er fühlte sich auch so. In der Hitze des Einsatzes wusste er genau, wie wichtig es war, seine Kräfte einzuteilen, sich kurze Momente der Regeneration zu gönnen und sich auf seine Kollegen zu verlassen. Die Lektion aus der Energiekonferenz hatte ihn gelehrt, dass er seine Energie nicht verschwenden durfte, sondern sie gezielt einsetzen musste, um auch in möglichen extremen Momenten handlungsfähig zu sein.

Und genau das tat er jetzt. Es war noch kein Ende des Einsatzes abzusehen, aber Sven war bereit, das Steuer weiter fest in der Hand zu halten und das Ziel nicht aus den Augen zu verlieren.

19:56 Uhr
Tagesbruch

Sven hielt die Konzentration hoch. Sie waren nicht mehr weit von der letzten Standortmeldung des Täters entfernt und näherten sich ihm über eine Parallelstraße.

Über Funk kam die Durchsage, dass der Einsatzabschnitt „Absperrung" inzwischen alle sechs relevanten Ausfallstraßen abgeriegelt hatte. Die Kollegen dort würden den Verkehr auf ein langsames Tempo drosseln und auswerfbare Nagelgurtsperren bereithalten.

Noch 800 Meter, dann würden sich die beiden Straßen kreuzen – der Moment, in dem Sichtkontakt mit dem Täter sehr wahrscheinlich wurde. Svens Blick wanderte unablässig über die Straße vor ihm. Er ließ die Umgebung nicht aus den Augen, während er bewusst ruhig und tief atmete, um einen klaren Kopf zu behalten.

Die Straße vor ihnen hatte vier Fahrstreifen, in jede Richtung zwei. Auf der Gegenfahrbahn war viel Verkehr, und die Autos vor Sven und Fabian wurden langsamer, als Fahrzeuge vom rechten Fahrstreifen auf den linken wechselten. Dann bemerkte Sven rot-weiße Pylone, die den rechten Fahrstreifen absperrten.

Die Versuchung war groß, einfach nach rechts auszuweichen und so alle Fahrzeuge auf dem linken Fahrstreifen in ihrer Richtung zu überholen. Der rechte Fahrstreifen war frei, die Pylone ließen sich leicht umfahren, und statt mit den zähen 40 km/h auf dem linken Fahrstreifen könnten sie die letzten paar hundert Meter mit der doppelten Geschwindigkeit zurücklegen, um den Audi nicht zu verpassen. Doch als Sven näherkam, fiel ihm etwas auf: Weiter vorne, am rechten Fahrbahnrand schien sich ein kleines Loch in der Fahrbahn zu befinden, etwa 30 mal 30 Zentimeter groß, umstellt von weiteren Pylonen.

Seine Hände hatten den Einsatzwagen unbewusst bereits leicht nach rechts gelenkt, als ein Gedanke ihn innehalten ließ: *Das sieht harmlos aus, aber warum ist es abgesperrt?*

Plötzlich blitzte eine Erinnerung auf. Vor seinem inneren Auge erschien eine weiße Farbwolke – eine Szene aus einem früheren Einsatz. Er hielt inne und bremste ab, während er bewusst auf dem linken Fahrstreifen blieb. Zu Fabians großem Erstaunen folgte Sven weiter den langsamen Fahrzeugen auf dem linken Fahrstreifen.

„Was ist los?" fragte Fabian leicht unruhig.

Sven blickte kurz zu ihm. „Das Loch da vorne. Sieht unscheinbar aus, aber manchmal... ist genau das der Punkt."

Fabian nickte, ohne nachzufragen. Er kannte Sven gut genug, um zu wissen, dass sein Instinkt selten daneben lag.

Weiße Wolken

Das Martinshorn heulte los, als Sven den Einsatzwagen auf die Autobahn lenkte. Der Eil-Einsatz war eindeutig: Ein Bus mit rund 40 Hooligans, international bekannte und gewaltsuchende C-Fans, war auf dem Weg von Belgien nach Deutschland. Die Einreise würde ihnen verwehrt werden und es bestand die Gefahr, dass sie die Grenze gewaltsam passieren würden. Diverse Polizeikräfte aus Mülheim an der Ruhr, Essen, Oberhausen und Duisburg waren alarmiert und unterwegs. Insgesamt 14 Einsatzwagen fuhren mit Sonderwegerechten in Richtung der möglichen Eskalation, die verhindert werden sollte.

Sven hatte einen Weg von knapp 70 Kilometern vor sich. Er rechnete: Wenn er durchschnittlich 140 km/h fahren könnte, würde er in 30 Minuten ankommen. Vielleicht waren auch 160 km/h möglich. Der Verkehr war mittelmäßig dicht, es war schwer vorherzusagen. Auch sollten die Polizeikräfte möglichst in 30 Minuten vor Ort sein, spätestens dann wurde der besagte Bus an der Grenze erwartet.

Zudem hatte Sven gerade im nebenbei laufenden Radio eine Warnung gehört: „Baustelle auf der A3, hier ist nur ein Fahrstreifen frei." Doch die Information war schwer zu verstehen, akustisch überlagert von anderen Funkmeldungen, dem Motorengeräusch und dem Martinshorn. Als Sven in den Bereich der besagten Baustelle kam, war nur der linke Fahrstreifen befahrbar. Die Fahrzeuge flossen mit sich endlos langsam anfühlenden 80 km/h dahin – mehr erlaubte auch die Beschilderung nicht. Der rechte

Fahrstreifen hingegen lag verlockend leer da, abgesperrt durch rot-weiße Pylone.

Sven wurde ungeduldig. Die Zeit drängte, und der Druck, den Einsatzort schnell zu erreichen – oder, noch schlimmer, nicht rechtzeitig – lastete schwer auf ihm. „Das dauert zu lange", murmelte er und warf einen prüfenden Blick auf die Absperrungen. Auf den ersten Blick schien der rechte Fahrstreifen in Ordnung: keine Schlaglöcher, keine Bauarbeiten, keine Menschen, keine Baufahrzeuge in Sicht. „Warum eigentlich nicht?", dachte er. „Es sieht nicht so aus, als wäre die Fahrbahn beschädigt." Ohne weiter zu zögern, lenkte er seinen Einsatzwagen nach rechts und beschleunigte stark.

In der Ferne vor sich sah Sven einen anderen Einsatzwagen, der fast zeitgleich ebenfalls von dem linken auf den gesperrten rechten Fahrstreifen wechselte. Plötzlich bemerkte er eine weiße Wolke, die wie aus dem Nichts unter dem vorausfahrenden Einsatzwagen aufgewirbelt wurde. Erschrocken riss Sven das Lenkrad leicht nach links. Da erkannte er, was die Wolke verursacht hatte: Es war die frische, weiße Fahrbahnmarkierung am rechten Fahrbahnrand, die unter den Rädern des vorausfahrenden Einsatzwagens verwischt wurde. Ein breiter, weißer Streifen zog sich über die Reifen und den Unterboden des Wagens.

„Verdammt!", fluchte Sven laut und versuchte, ruhig zu bleiben und die Fahrbahnmarkierung nicht zu berühren. Die Pylone waren aus gutem Grund aufgestellt worden – das wurde ihm jetzt schmerzlich klar. Wenige hundert Meter weiter vorne erkannte er die Ursache: eine Maschine, die in Schrittgeschwindigkeit frische

Farbe auftrug. Der Farbstrahl zog eine neue Markierungslinie, und jeder, der die gesperrte Spur nutzte, hinterließ ein bleibendes Zeichen. Hitze stieg ihm in den Kopf. „Das hätte ich mir doch denken können", dachte er, während er den Einsatzwagen so weit wie möglich nach links lenkte, um die Maschine zu umfahren.

Sven hatte Glück gehabt: Auf seinem Einsatzwagen waren keine weißen Spuren zu sehen. Doch die anderen Streifenwagen hatten nicht so viel Glück. Am Sammelort angekommen, sah Sven sofort die Blicke der Kollegen, die auf ihre Fahrzeuge gerichtet waren. „Na, Sven, hattest du es nicht eilig? Biste schön langsam hinter den anderen gefahren?", rief ein bekannter Kollege mit einem schiefen Grinsen, während er auf die weißen Streifen deutete, die sich über Reifen und Karosserie der anderen Einsatzwagen zogen. Sven verstand sofort: Alle 13 anderen Einsatzwagen, die ebenfalls den rechten Fahrstreifen genutzt hatten, trugen nun unübersehbare Spuren der Fahrerentscheidungen. Dicke, weiße Farbspuren zogen sich quer über die Reifen und den unteren Teil der Karosserie. Es war Farbe, die für eine lange Haltbarkeit gedacht und fast unmöglich zu entfernen war.

„Typisch Polizisten", murmelte Sven, um sich Luft zu verschaffen. Was, wenn die Sperre nicht nur wegen frischer Farbe bestanden hätte? Was, wenn die Fahrbahn wegen einer frisch geteerten Vertiefung oder einem einbruchsgefährdeten Bereich gesperrt gewesen wäre, der hätte nachgeben können? Diese Gedanken ließen ihn nicht los. Er wusste, dass er Glück gehabt hatte – aber Glück war keine Strategie, auf die man sich verlassen sollte.

Während die Beamten sich sammelten, um sich dem ankommenden Bus mit den Hooligans zu stellen, hallte die Erkenntnis in Svens Kopf nach: Die dünne Linie zwischen einer schnellen Lösung und einem fatalen Fehler ist in solchen Momenten oft unsichtbar. Entscheidungen, die unter Druck und in Eile getroffen werden, können Konsequenzen haben, die weit schwerwiegender sind, als man zunächst glaubt. Die weißen Spuren waren ein Symbol dafür – ein unübersehbares Zeichen der Eile und der fehlenden Überlegung. Wäre er nur seinem Bauchgefühl gefolgt oder hätte er ein paar Sekunden länger gewartet – dann hätte er die Farbmaschine rechtzeitig sehen können und er dachte sich, dass es viele Begebenheiten gab, über die er bereits grundsätzlich und im Vorfeld nachdenken und für sie Entscheidungen treffen konnte.

In der Gegenwart schoss diese Erinnerung an die weiße Farbmarkierung durch Svens Kopf, als er die Pylone und das kleine Loch auf dem rechten Fahrstreifen sah. Diesmal bremste er ab, hielt Abstand zum Vorausfahrenden und blieb besonnen. Er hatte gelernt, dass Absperrungen nicht einfach ignoriert werden durften, egal wie verlockend der freie Weg aussah. Das Befahren des abgesperrten Bereichs stellte eine unbekannte Gefahr dar. Das war ein Gedanke, den er nicht ignorieren konnte. Vielleicht gab es nicht sichtbare Schäden unterhalb der Fahrbahndecke. Wenn Sven nicht wusste, warum etwas gesperrt war, würde er diesen Bereich nicht befahren.

**Deine Gefahrenwarner:
Dein Verstand und Dein Bauchgefühl.**

Sven erkannte, dass Vorausdenken potenzielle Gefahren ent-
schärfte: Es erleichterte die Entscheidungsfindung, vereinfachte
den Umgang mit Problemen, stärkte Selbstsicherheit und Aufmerksamkeit und machte im Worst-Case emotional und praktisch
handlungsfähiger.

Heute war Sven dankbar für die Lektionen der Vergangenheit.
Das Befahren des gesperrten Fahrstreifens hatte er als unverantwortlich ausgeschlossen, eine Einschätzung, die ein Kleintrans-
porter der Wasserwerke am Straßenrand bestätigte. Vermutlich
war das kleine Loch ein Tagesbruch, und größere Teile des Bereichs waren durch eine gebrochene Wasserleitung unterspült und
drohten unter schwerer Last einzubrechen.

An der Hauptstraße angelangt, erkannten Sven und Fabian, dass
sie zu spät waren. Sie hatten offenbar wertvolle Sekunden verloren. Nach einem kurzen, wortlosen Blick entschieden sie, nach
rechts abzubiegen, dem mutmaßlichen Fluchtweg zu folgen und
die Spur des Flüchtigen wieder aufzunehmen.

19:57 Uhr
Reiz-Reaktions-Pause

Der Funk knackte laut, und Svens Aufmerksamkeit schärfte sich, als er die Meldung hörte: „Bonn für Bonn 13/44. Bonn 13/01 und wir haben den flüchtigen Audi in der Emserstraße 100 eingekeilt." Für einen Moment hielten sich Entspannung und Spannung in der Luft, dann folgte eine hektische Stimme: „Er hat uns gerammt, wiederhole, er hat uns gerammt und fährt weiter. Der Dienstgruppenleiter hat auf die Reifen geschossen – ohne Erfolg!"

Der Täter hatte mindestens einen Einsatzwagen gerammt. Der Dienstgruppenleiter, der DGL hatte auf die Reifen geschossen. Sven spürte, wie in ihm ein bekanntes Aufglimmen hochstieg – der Drang, sofort einzugreifen und die Situation eigenhändig zu klären. *Wieder ein DGL. Warum war es immer ein DGL?* Die Gedanken schossen ihm durch den Kopf, doch er ließ sich nicht von der aufkommenden Welle von Adrenalin mitreißen. Stattdessen blieb er ruhig, diszipliniert, und hielt sein Tempo unverändert. Sein Fuß lag kontrolliert auf dem Gaspedal.

Er konnte beinahe spüren, wie bei den anderen beteiligten Polizisten, selbst bei denen, die nur über Funk verbunden waren, die Alarmglocken schrillten. Das Wort „Schusswaffengebrauch" war für jeden im Einsatz ein mentaler Aufruhr, eine unüberhörbare Warnsirene.

Doch Sven war nicht mehr derselbe impulsive Polizist wie in seinen Anfangsjahren. Die Lektionen der letzten Jahre hatten in ihm ein stabiles, inneres Reaktionssystem hervorgebracht. Er hatte gelernt, dass nicht die äußeren Geschehnisse über sein Handeln bestimmen konnten, sondern auch er selbst. Es war ein fundamentaler Unterschied, den viele nicht verstanden: die Wahl zwischen einem reaktiven, instinktiven Handeln und einem bewusst kontrollierten Vorgehen.

Dabei ging es weniger darum, die Kontrolle über das äußere Geschehen zu wahren. Viel wichtiger war es, die innere Kontrolle zu bewahren. Wer sich von äußeren Ereignissen treiben ließ, verlor die Macht über sich selbst – er wurde wortwörtlich ohnmächtig.

Die äußeren Umstände konnte man nicht immer ändern, doch die eigene Reaktion lag stets in der eigenen Hand. Hierbei spielte ein entscheidender Moment eine Schlüsselrolle: der Augenblick zwischen einem äußeren Reiz und der eigenen Reaktion. Man brauchte genau dazwischen eine Pause, diesen kurzen, aber machtvollen Moment, der über impulsives Handeln oder besonnener Entscheidung entschied.

Dieser Moment gab Sven die Freiheit, eigene Überlegungen und Argumente in seine Entscheidungen einzubeziehen, anstatt sich von bloßen Reflexen steuern zu lassen. Es war ein innerer Anker, den er sich durch Erfahrung und Disziplin erarbeitet hatte – ein Anker, der ihn jetzt ruhig und handlungsfähig hielt.

> **Der reflektierte Handlungsmodus braucht die Reiz-Reaktions-Pause.**

Aktuell war der äußere Reiz der Schusswaffengebrauch und der flüchtige Pkw, beide keine zwei Straßen von seinem Standort entfernt. Sven hatte sein aktuelles Fahrverhalten so ausgerichtet, dass er ein der Situation angemessenes, kalkulierbares, geringes Risiko für sich und andere einging – auf diesem Straßenstück konnte er 75 km/h vertreten, 80 km/h dagegen nicht – sonst wäre er ja 80 gefahren und nicht 75. Mit jedem weiteren My an Geschwindigkeit würden die Risiken überproportional steigen und Sven überließe den Ausgang des Einsatzes immer mehr dem Zufall. Und wenn Sven erst einmal unkontrolliert die 80 erreicht hätte, wäre er auch leichter bei 85 und 90 gelandet – bei einem vernachlässigbaren Zeitgewinn.

Er gab an den richtigen Stellen kontrolliert Gas, beschleunigte und er ließ den Wagen ruhig in der Spur, stets mit einer kleinen, wichtigen Sicherheitsreserve. Über Funk hörte er weitere unruhige Stimmen der Kollegen, die aufgeregt ihre Positionen durchgaben – so als ob das jemandem nutzen würde. *Viel wichtiger war, dass der Mann nicht mehr auf die Reifen feuerte.*

Svens Erfahrung meldete ihm, dass einige der jungen Streifenbeamten über Funk bereits erschöpfungsangespannt klangen, ihre Stimmen waren etwas zu schnell, etwas zu unsicher, etwas zu fahrig, zwischen Hochstress, maximaler Handlungsbereitschaft und sich anbahnender Erschöpfung. Sven wusste, dass sich in diesen Stressmomenten trotz des Adrenalins und höchster Anspannung bereits jetzt, nach wenigen Minuten, die ersten Anzeichen von Erschöpfung einschlichen – Mikrofehler, die kaum wahrnehmbar waren, aber bei einer Verfolgung wie dieser fatale Folgen haben konnten.

Als er Sekunden später um die Ecke in die Emserstraße bog, war sein Blick sofort auf das Chaos vor ihm gerichtet: Zwei leicht deformierte Streifenwagen waren quergestellt, wurden gerade wieder besetzt, waren aber noch nicht wieder losgefahren.

Was selbst Sven in diesem Moment das Blut in den Adern gefrieren ließ, war nicht nur das unübersehbare Einschussloch, das sich deutlich an der gegenüberliegenden Fensterscheibe des Wohnhauses abzeichnete, sondern auch das in der Fahrertür des Streifenwagens, neben dem Kollegen, der wie in Trance versuchte, seine Dienstwaffe in das Holster zu stecken. Sven konnte vor seinem geistigen Auge sehen, was geschehen war: Der DGL hatte offenbar auf die Reifen des Audis geschossen und dabei mehrfach die Felgen getroffen. Die Geschosse müssen abgeprallt und unkontrolliert in alle Richtungen geflogen sein. Früher dachte Sven, es wäre vermutlich eine Kombination von Übermut, Aktionismus

173

und Hilflosigkeit gewesen, aber heute wusste er um einen weiteren mächtigen Mitspieler: dem Autoritätserhalt. Spätestens beim unvermeidlichen Gedanken an die Ungeeignetheit der Maßnahme, des Schießens auf die Reifen, hätten bei einem so erfahrenen Polizisten die Alarmglocken klingeln müssen. Trotzdem hatte er sich dagegen entschieden. Sven kannte dieses Phänomen des Autoritätserhalts. Für Sven trat es allmählich in den Hintergrund, aber er spürte diese Verlockung oder diese Zwickmühle noch heute: Wenn er etwas falsch eingeschätzt oder die falschen Maßnahmen getroffen hatte und es dann erkannte, stand er jedes Mal vor der Wahl: Zurückrudern und nun die richtigen Maßnahmen treffen, vielleicht auch jemanden um Entschuldigung bitten – oder stoisch weitermachen, obwohl er wusste, dass es falsch war. Das gab es tatsächlich. Ursache war vor allem die Polizeiautorität, die für viele mit Stärke und Unnachgiebigkeit verknüpft war, vor allem bei männlichen Kollegen. Ein Nachgeben, Umdenken, Andershandeln, Bitten um Entschuldigung passte nicht zur angeblichen Stärke und Autorität.

So war es auch jedes Mal, wenn Polizisten eine Verfolgungsfahrt begannen. **Das Phänomen „Autoritätserhalt gegen besseres Wissen" behinderte einen kontrollierten Verfolgungsabbruch, wo man abbrechen sollte.** Sven wusste, es half, diese Prozesse zu durchdenken, am besten mit vergangenen Einsätzen, in denen man das Phänomen selbst erlebt hatte, bei sich oder bei anderen. Diese Form des Autoritätserhalts führte immer zu Problemen, sie vermied sie nicht.

Hätte man den Flüchtigen „mit Vollkontakt eingeparkt" und wäre konsequent an das Fahrzeug herangegangen, wäre der Schütze

174

nicht in Schwierigkeiten gekommen. Bestimmt hatte er sich handlungsunfähig gefühlt, als der Wagen dann doch weiterfuhr. Vermutlich hatte er dann gespürt, dass er seine Autorität nicht abgeben wollte und da es für ihn nur das Mittel des Schießens gab, entschied er sich hierfür. Sven fand das furchtbar.

> ## NICHT AUF REIFEN SCHIESSEN!

> ## Autoritätserhalt wider besseren Wissens tötet.

Eine Kollegin erkannte Sven und zeigte in Richtung Norden. Sven beschleunigte und zog mit aufheulendem Motor an den gerade wieder anfahrenden, eingedellten Streifenwagen vorbei. *Die Kollegen würden es nie lernen. Auf Reifen schießen, das gab es schon früher…*

Schüsse auf 91jährigen

Der junge Sven saß auf der Polizeiwache und lauschte über Funk den Durchsagen aus einem nahen Wachbereich. Ein Autofahrer war aufgefallen, der trotz eindeutiger Anhaltesignale der Kollegen einfach nicht reagierte. Die Meldungen klangen zunehmend genervt, doch auch ein Hauch von Besorgnis schwang mit, während immer mehr Details über das auffällige Fahrverhalten durchgegeben wurden: Der Fahrer fuhr extrem langsam, wechselte unkontrolliert die Spur und ignorierte mehrere STOP-Schilder.

In der Wache versuchte jeder, sich einen Reim darauf zu machen. War der Mann betrunken? Verwirrt? Oder steckte mehr dahinter? Jeder Beamte wusste, dass solche Situationen entweder harmlos verliefen oder sich schlagartig in gefährliche Eskalationen verwandeln konnten. Sven hörte aufmerksam zu, doch die Meldungen wurden spärlicher. Schließlich hieß es, dass man auf die Reifen des Autos geschossen habe und der Fahrer gestellt worden war – ein alter Mann, der schlicht nicht mehr in der Lage war, sicher ein Kraftfahrzeug zu führen.

Eine Weile später öffnete sich die Tür zur Wache, und ein Kollege trat mit einer Videodatei ein – die Aufzeichnung der neuen Frontkamera ihres Einsatzwagens. Sofort war die Neugier geweckt, und Sven sowie seine Kollegen versammelten sich, um das Material zu sichten. Das Video begann unscheinbar: Ein alter, unauffälliger Wagen, sicher über 25 Jahre alt, rollte gemächlich durch die Straßen. Doch schon nach wenigen Sekunden fiel das merkwürdige Fahrverhalten ins Auge. Der Fahrer ignorierte STOP-Schilder, fuhr auf die Gegenfahrbahn und schien auch sonst nicht sehr bewandert in den Straßenverkehrsregeln.

Die Polizei setzte dem Fahrzeug nach und schaltete die Anhalte-signale ein – ohne Erfolg. Der alte Mann reagierte nicht. Erschwe-rend kam hinzu, dass er nie in den Rückspiegel blickte. Es war, als lebte er in einer völlig anderen Welt. Im Video sah man schließ-lich, wie die Einsatzkräfte versuchten, den Wagen einzukesseln. Ein Streifenwagen setzte sich vor das Fahrzeug, bremste langsam ab, während ein zweiter den Fluchtweg nach hinten blockierte. Al-les schien unter Kontrolle, als die Polizisten aus ihren Fahrzeugen stiegen und sich dem Wagen näherten.

Doch anstatt auszusteigen, begann der Fahrer seelenruhig, wie in Zeitlupe, auszuparken. Die Zuschauer in der Wache sahen den al-ten Mann mehrfach vorwärts und rückwärts fahren, um den Wa-gen aus der vermeintlichen Falle zu rangieren. Was dann geschah, ließ die Spannung im Raum schlagartig steigen: Der Dienstgrup-penleiter, leicht erkennbar an seinen fünf silbernen Sternen auf den Schultern, wies seine junge Beifahrerin mit einer schnellen Geste an, in Deckung zu gehen. Unvermittelt zog er seine Dienst-waffe und schoss aus kürzester Distanz mehrmals auf den linken Vorderreifen des alten Wagens.

Die Luft im Raum schien stillzustehen, als alle den Lauf der Er-eignisse auf dem Video verfolgten. Doch was als gezielte Maß-nahme begann, endete beinahe in einer Katastrophe: Zwei Projektile prallten von der Felge ab und schlugen in der Hauswand schräg hinter dem DGL ein und musste ihn damit nur knapp ver-fehlt haben. Im Video brach Chaos aus, als sich die Beamten vor Ort hastig in Sicherheit brachten.

Im Raum der Wache herrschte betretene Stille. Die Kollegen sahen sich unruhig an. Die Schüsse hatten nicht nur die Situation nicht entschärft, sondern beinahe den DGL selbst getroffen. Sven spürte, wie ihm ein Schauer über den Rücken lief. Es war eine Lektion in Besonnenheit, die sich unauslöschlich in sein Gedächtnis einbrannte. Ein kleiner Moment der Unachtsamkeit hätte tödlich enden können – für den DGL oder für andere.

NICHT AUF REIFEN SCHIESSEN!

Der alte Mann am Steuer zeigte keinerlei Reaktion auf die vorangegangenen Schüsse. Unbeeindruckt setzte er seine Fahrt fort, als wäre nichts geschehen. Nach etwa 50 Metern war jedoch Schluss: Ein weiterer Einsatzwagen positionierte sich blitzschnell vor seinem Fahrzeug und beendete die Fahrt des alten Mannes.

Diesmal gab es kein Entkommen. Ein Polizist zerschlug mit einem gezielten Schlag des Nothammers die Beifahrerscheibe, während ein anderer an die Fahrerscheibe klopfte, um den Fahrer abzulenken. Der Beamte an der Beifahrerseite griff durch das zerbrochene Fenster und schaffte es, den Fahrzeugschlüssel aus dem Zündschloss zu ziehen. Mit diesem Manöver war die Situation endgültig unter Kontrolle, und das Video endete.

Dieser Moment zwischen dem Reiz und der eigenen Reaktion war unglaublich wichtig. Waldorf-Schüler kannten es als die Drei-Sekunden-Regel – eine Praxis, bei der man drei Sekunden wartete, bevor man auf etwas antwortete. In diesem Moment konnte man mit allen Gehirnteilen den Sachverhalt durchgehen und somit weniger impulsiv reagieren. Entsprechend gelangte man regelmäßig zu besseren Ergebnissen. Zugleich musste Sven einräumen, dass Berufserfahrung hilfreich dafür war, in spontanen Situationen sofort gut zu entscheiden. Außerdem half es sehr, bereits Übung mit der Reiz-Reaktions-Pause zu haben.

Hier hatten alle Beteiligten und Unbeteiligten in der Nähe einfach Glück gehabt und der Audi war nicht mehr in Sichtweite. Aber er konnte nur Sekunden entfernt sein.

Mit unerschütterlicher Entschlossenheit steuerte Sven seinen Einsatzwagen durch die dunkle Nacht, immer auf der Spur des flüchtigen Audis. Für Jagdfieber, mit all seinen unberechenbaren Risiken, war in seinem Denken kein Platz. Er wusste: Jagdfieber war wie eine tückische Krankheit, die sich leise einschleichen konnte. Doch Sven hatte gelernt, sich davor zu schützen – mit klaren Prinzipien und eiserner Disziplin blieb er fokussiert und kontrolliert.

19:58 Uhr
Risikoeinschätzungen

Sven spürte instinktiv, dass es für den Flüchtigen zu Ende ging.

Die Ausfallstraßen waren durch polizeiliche Geschwindigkeitstrichter und unüberwindbare Nagelgurtsperren gesichert. Alles, was im Nahbereich an motorisierten Polizeikräften verfügbar war, befand sich entweder auf Anfahrt oder bereits im Einsatzgebiet. Der unüberlegte Einsatz von Schusswaffen hatte bei allen Beamten einen neuen Höchststand an Handlungswillen und Entschlossenheit geweckt, die Situation zu beenden – davon war Sven überzeugt. Doch genau dieser gesteigerte Handlungsdruck war ein zweischneidiges Schwert: Er würde das Einsatzende beschleunigen, aber auch die Risiken erhöhen, für alle Menschen im Bereich.

Sven hatte im Laufe seiner Karriere viele Polizisten kennengelernt. Trotz ihrer Unterschiede gab es eine entscheidende Gemeinsamkeit, auf die er sich verlassen konnte: Die meisten waren in diesem

180

Moment hochmotiviert, den Flüchtigen zu stoppen. Doch genau hier lauerte die Gefahr des gefährlichen Jagdfiebers. Nur wenige hatten Erfahrung im Umgang mit einem so gefährlichen Fahrer. Viele würden darauf hoffen, als Erster Sichtkontakt herzustellen und die Chance auf ein Anhaltemanöver zu bekommen. Und wenn sie diese Gelegenheit hätten, würden sie dann zögern? Ganz sicher nicht.

Sven konnte nur hoffen, dass seine Kollegen aus der Vielzahl möglicher Maßnahmen mit Bedacht und präziser Risikoeinschätzung handeln würden. Doch der einsetzende Regen verschärfte die ohnehin angespannte Lage, ohne sie im Geringsten zu verbessern. Sven wusste nur zu gut, was dieser Wetterumschwung bedeutete: Regen machte Hochgeschwindigkeitsverfolgungen unberechenbar. Wer sein Fahrverhalten dem Wetter nicht jederzeit, also dynamisch anpasste, riskierte, im Graben zu landen. Der Fahrer des Audis würde seine riskante Fahrweise den Wetterbedingungen, vermutlich stressbedingt, beibehalten – ein klarer Nachteil für die Polizei, die bei nasser Fahrbahn langsamer fuhr. Es war nahezu unvermeidlich, dass in den nächsten Minuten einige Fahrzeuge verunfallten. Dabei wurde jeder Einsatzwagen gebraucht. Es war weitaus effizienter, mit allen Polizeifahrzeugen „langsam" zu fahren, als nur mit einem Teil davon etwas schneller. Sven half der Blick auf diese simple Wahrheit, einmal ganz abgesehen von den Gefahren für Personen und Sachen. Er hatte es schon so oft erlebt: Einsatzwagen, die nicht am Ziel ankamen, weil der Fahrer unnötige Risiken eingegangen waren.

Allein gegen häusliche Gewalt

Es war eine kalte Winternacht, die die Atemwolken der Kollegen in der Luft tanzen ließ. Die Kälte kroch durch die Fenster der Wache und wurde erst von den Heizungskörpern aufgehalten. Sven, mittlerweile seit über fünfzehn Jahren im Dienst, war in dieser Nacht mit dem jungen Polizeimeister Felix auf einem Einsatzwagen Bonn 12/45 eingesetzt. Die Wache war in die tiefe Ruhe der frühen Morgenstunden versunken, als plötzlich um 03:30 Uhr der Einsatz hereinkam: Häusliche Gewalt in einem nahegelegenen Wachbereich, die Kollegen dort waren ausgebucht und konnten nicht selbst übernehmen. Bonn 12/45 und Bonn 12/46 wurden angefordert, Sven und Felix machten sich bereit. Bonn 12/46 hatte einen Kollegen nach Feierabend in einen anderen Wachbereich nach Hause gefahren und eine längere Anfahrt zum Einsatzort.

Kaum hatten Sven und Felix das Gebäude verlassen, spürte Felix die Kälte in den Knochen, aber auch die Aufregung des Einsatzes. „Verkehr ist um die Zeit ja kaum noch", bemerkte er, während Sven ruhig den Motor startete und das Blaulicht aufleuchten ließ. Doch Felix' Überraschung war groß, als Sven den Streifenwagen mit kontrollierter, zurückhaltender Geschwindigkeit durch die dunklen Straßen steuerte. Die Straßen waren leer, kein Auto in Sicht – aber Sven beschleunigte nicht.

Nach wenigen Minuten des Schweigens konnte Felix seine Nervosität nicht länger zurückhalten. „Sven, wir könnten doch ein bisschen Gas geben? Wir sind so gut wie allein auf der Straße." Er

sah Sven fragend an, doch der lächelte nur und behielt seine konzentrierte Ruhe.

„Felix, schau dir die Straße an", sagte Sven schließlich ruhig und
zeigte auf die vielleicht vorhandene, vielleicht nur eingebildete,
fast unsichtbare Eisschicht, die sich auf dem Asphalt abzeichnen
wollte. „Es hat den ganzen Tag geregnet, und jetzt ist es unter null
Grad. Das könnte überfrierende Nässe sein."

Felix seufzte leise, er war noch immer skeptisch. Er schien unruhig
in seinem Sitz, die Eilbedürftigkeit des Einsatzanlasses drängte ihn
innerlich. Der Funk knisterte in der Stille der Nacht und sie hörten
die Meldung des zweiten Wagens, Bonn 12/46. Nach der ursprünglichen Standortmeldung der Kollegen müssten sie nahezu
zeitgleich mit ihnen am Einsatzort eintreffen. Doch dann funkten
sie: „Bonn von Bonn 12/46 – Sanderstraße 48, wir haben einen
Eigenunfall, keine Verletzten. Wir sind von der Fahrbahn abge-
kommen, unser Fahrzeug ist nicht mehr fahrbereit!"

Sven zog ruhig die Augenbrauen hoch und warf einen kurzen, be-
deutungsvollen Blick zu Felix, dessen Gesicht erstarrte, als die Bedeutung der Meldung zu ihm durchdrang. Felix' Mund öffnete
sich, aber er sagte nichts. Sven nutzte den Moment und sprach
leise, aber bestimmt: „Und jetzt sind wir allein bei der häuslichen
Gewalt. Wenn auch wir verunfallt wären, käme niemand mehr am
Einsatzort an, um zu helfen." Felix sah ihn an, die Erkenntnis kam
langsam in seinem Verstand an. Und eigentlich war es ja noch
schlimmer: Selbst bei einem Unfall mit Polizeibeteiligung, bei der
nur das Einsatzfahrzeug beschädigt und niemand verletzt wurde
hatte einsatztaktisch eine ganze Kaskade von Konsequenzen:

Dieser Unfall führte dazu, dass am brennenden Einsatzort weniger oder gar kein Einsatzwagen zeitnah erscheinen würde. Ein zweiter Einsatzwagen müsste den verunfallten hinsichtlich des Einsatzes ersetzen, während ein dritter den Verkehrsunfall aufnehmen müsste.

In diesem Moment erreichten Sven und Felix den Einsatzort. Als sie ausstiegen, herrschte Stille zwischen den beiden. Felix schien in Gedanken versunken, als sie auf die Wohnung zugingen, wo lautes Geschrei und die Anzeichen eines gefährlichen Konflikts auf sie warteten. Trotz der angespannten Situation fühlte sich Felix jedoch sicherer – die angepasste und bedachte Fahrweise hatte sie nicht nur sicher hierhergebracht, sondern auch den Puls nicht unnötig in die Höhe getrieben. Sie konnten nun konzentriert arbeiten, allerdings ohne die Kollegen vom Bonn 12/46.

Felix hatte in dieser kalten Nacht eine Lektion gelernt, die er nie wieder vergessen würde. Der Gedanke, dass übermäßige Eile auf eisigen Straßen sie beide nur unnötig gefährdet hätte, ließ ihn tief durchatmen.

Fahre dynamisch witterungsangepasst.

Sven ließ den Gedanken an diese Nacht zurück und richtete seine volle Konzentration auf die Straße vor sich. Die Gegenwart pulsierte mit der brisanten Energie der Verfolgungsfahrt, jede Sekunde schien sich in die Länge zu ziehen. Er spürte, dass neben dem Zufall alles an seiner Fähigkeit hing, inmitten des Chaos einen klaren Kopf zu bewahren. Es war eine surreale Mischung aus Anspannung und Kontrolle, die ihn durchströmte, und er war sich

184

bewusst, dass sein Handeln über den Erfolg des Einsatzes entscheiden würde. Es würde auch darüber entscheiden, ob sie heil aus dieser Situation herauskommen würden. Sven spürte, wie sein Herzschlag sich verlangsamen wollte, während er seine Atmung regulierte. Erinnerungen an frühere Einsätze – an Erfolge und Fehler gleichermaßen – halfen ihm wie ein innerer Kompass. Er hatte Fehler gemacht – und aus ihnen gelernt. Diese Fehler verwandelten sich mit der Zeit in wertvolle Lektionen. Inzwischen empfand er keine Angst mehr vor ihnen, wie es in der toxischen Fehlerkultur unserer Gesellschaft üblich war. Stattdessen begrüßte er sie wie alte, treue Freunde. Die Rückblicke auf diese Lektionen halfen ihm stets, das richtige Maß zu finden: die Balance zwischen Dringlichkeit und Vorsicht. Er wusste, wann es Zeit war zu handeln und wann innezuhalten.

Diese Einsicht gab Sven nicht nur die nötige Vorsicht, sondern auch die Sicherheit, seine volle Leistung abzurufen zu können, wenn es darauf ankam. Er konnte ruhiger und konzentrierter agieren, weil ihn keine Zweifel quälten. Kein nagender Gedanke daran, dass er etwas Wichtiges übersehen haben könnte. Keine unnötige Angst vor straf-, zivil- oder disziplinarrechtlichen Konsequenzen seines Handelns, weil er unbedacht gehandelt haben würde. Es war diese innere Klarheit, die ihm den Rücken stärkte und ihn in vielen Situationen handlungsfähig machte.

> **Verhängnisvoll sind nicht die Fehler,
> die wir einmal machen, sondern die,
> die wir immer wiederholen.**

Ein kurzer Blick auf die Fahrbahn vor ihm genügte, um die Bedingungen einzuschätzen. Der Verkehr war dicht genug, um gefährlich zu werden, aber nicht so chaotisch, dass es keinen Weg hindurch gab. Sven spürte den leichten Widerstand des Lenkrads unter seinen Händen, ein beruhigender Druck, der ihm versicherte, dass er die Kontrolle hatte. Mit ruhiger Präzision passte er Geschwindigkeit und Fahrverhalten an die Gegebenheiten an. Die Reifen summten auf der Asphaltdecke, und der Einsatzwagen schien fast mit ihm zu verschmelzen. Er wusste: Ein falscher Zug, ein Moment der Unachtsamkeit, und sie könnten selbst zum Unfallfahrzeug werden. Aber nicht heute. Nicht, solange er hinter dem Steuer saß.

Er kannte die Straßen in dieser Gegend gut – eine Mischung aus Routine und Instinkt half ihm, auf unvorhergesehene Änderungen zu reagieren. Doch dann, während sie sich gerade einer Kreuzung näherten und Sven das Abbiegemanöver nach links eingeleitet hatte, kam es zu dieser Durchsage über Funk. „Verdächtiger auf der Rüttershöhe 80 gesichtet!" Die Stimme war klar, und die Information ließ in Sekundenschnelle Szenarien durch Svens Kopf rasen, er konnte sich aber nicht spontan an diese Straße erinnern. Noch während er die Kurve nahm, drehte er leicht den Kopf und wollte Fabian anweisen, das Navi nach der genauen Lage zu befragen. Die Dringlichkeit seiner Gedanken spiegelte sich in seinem Ton wider, doch er kam nicht dazu, den Satz zu Ende zu sprechen, als er an einer Einmündung begann, nach links abzubiegen.

„Hier rechts! Fahr rechts!" Fabians Ruf war plötzlich, beinahe hektisch, und brachte eine neue Dynamik in die Situation. Sven hatte zuvor bereits nach links eingeschlagen. Er hätte das Lenkrad bei knapp 50 km/h hart nach rechts reißen müssen, um mit dem Wagen jetzt noch nach rechts abzubiegen, aber etwas in ihm hielt ihn davon ab. Es war ein Reflex, ein Ergebnis seiner Erfahrung, das ihn innehalten ließ. Statt blindlings Fabians Anweisung zu folgen, spürte Sven, wie sich in ihm die Ruhe einer kalkulierten Entscheidung ausbreitete.

Sven hätte das Lenkrad bei 50 km/h mitten in einem Linkseinschlag hart nach rechts reißen müssen. Doch er tat es nicht - und das aus gutem Grund…

Hektik. Fahrtrichtungswechsel. Unfall.

Es war eine regnerische Herbstnacht, als der Funk die Stille der monotonen Regentropfen auf dem Autodach durchbrach: „Bonn 12/45 und Bonn 12/46 für Bonn. Häusliche Gewalt Donauweg 84." Der junge Sven und sein Beifahrer Thomas saßen im Streifenwagen und waren sofort bereit. Der Regen peitschte gegen die Scheiben, und die Straßen glänzten vor Nässe. Thomas meldete sich per Funk zurück: „Bonn 12/45 verstanden."

Der noch junge, aber schon erfahrene Polizist Sven war voller Tatendrang und Wettkampfgeist. „Gucken, wer zuerst da ist", grinste er zu Thomas, während er mit geübter Hand das Blaulicht aktivierte und die Geschwindigkeit erhöhte. Der Motor heulte auf, die Reifen spritzten Wasserfontänen zur Seite, und der Wagen schoss die regennassen Straßen entlang.

Kurz bevor sie den Einsatzort erreicht hatten, änderte sich die Lage. „Neue Infos für Bonn 12/45 und 12/46: Täter flüchtig, schwarzer Audi, Kennzeichenfragment BN-BF. Möglicherweise hat er die Frau ins Auto gezerrt", meldete die Leitstelle. Beide Polizisten sahen sich an. Die Dringlichkeit des Einsatzes wuchs, und Sven spürte, wie das Adrenalin durch seine Adern pumpte.

Dann, nur wenige Straßen entfernt, entdeckten sie den beschriebenen Wagen. Der Audi raste durch die Nacht, nahm Kurven ohne Rücksicht auf Verluste und ignorierte ein Stoppschild. Sven nahm die Verfolgung auf. „Halt dich fest", warf er Thomas rhetorisch zu und beschleunigte. Als wenn Festhalten hier helfen würde. Die Reifen quietschten auf der nassen Fahrbahn, und Sven musste gegenlenken, um das Fahrzeug in der Spur zu halten. Sven genoss solche Fahrten sehr. Er hatte oft und viel gezielt trainiert, Fahrzeuge im Grenzbereich zu fahren und die Kontrolle zu behalten und die Jahre seiner Fahrpraxis mit Einsatzwagen sammelten sich immer weiter an.

Der Audi bog in eine Nebenstraße ein. Häuser und Bäume säumten die Straße, und durch den starken Regen verlor Sven für einen Moment die Sicht auf den Flüchtigen. Die Einmündung vor ihnen bot drei Möglichkeiten: links, rechts oder geradeaus. Allerdings führte geradeaus nur ein Feldweg auf das dahinter befindliche Getreidefeld, welches ansonsten durch einen 50cm hohen Erdwall von der nach links und rechts abgehenden Fahrbahn abgetrennt war.

„Links oder rechts?" fragte Sven angespannt, während der Scheibenwischer hektisch arbeitete. Ein von tausend Regentropfen beschossenes Rinnsal floss quer über die Einmündung in die Richtung, aus der sie kamen. Sven entschied sich instinktiv für links. Doch mitten im Abbiegemanöver rief Thomas plötzlich:

„Rechts! Sven, rechts! Fahr nach rechts! Er ist rechts, ich sehe ihn!"

Ohne zu zögern, riss Sven das Lenkrad herum. Der Wagen, der durch den Linkseinschlag schon zur rechten Seite geneigt war, wurde nun abrupt in die entgegengesetzte Richtung gelenkt. Auf der pitschnassen Fahrbahn war das zu viel. Das Fahrzeug verlor an Stabilität, und die Reifen fanden keinen Halt. Der Streifenwagen schlitterte seitlich über die Straße. Sven bremste abrupt, doch es war zu spät. Mit einem dumpfen Krachen prallten sie gegen den Erdwall, der die Felder von der Fahrbahn abgrenzte. Der linke Scheinwerfer war zerschmettert, der Motor stotterte, und die Verfolgung war vorbei.

Im Funk meldete sich Bonn 12/46: „Täter vermutlich allein im Fahrzeug, die Frau ist zuhause. Keine weitere Verfolgung erforderlich." Sven und Thomas warfen sich einen frustrierten Blick zu. „Hätten die das nicht zehn Sekunden früher sagen können?" murmelte Thomas trocken.

Ändere nie abrupt die Abbiegerichtung.

Sven bremste behutsam und wendete den Wagen. Erst als er sicher war, dass die Reifen ausreichend Grip hatten, beschleunigte er wieder. Inzwischen lief der Funk heiß:

„Bonn von 13/93. Anderssraße Ecke Galvenstraße, Sichtkontakt zum schwarzen Audi. Frage: Ist bekannt, ob er einen Schriftzug ‚Baby an Bord' auf der Heckscheibe trägt?"

„13/93, hier 12/48, negativ, den haben wir auch vorhin gesehen. Falsches Kennzeichen."

„Boah", sagte Fabian zu Sven. „Das kann ja auch schiefgehen. Die haben bestimmt nur einen schwarzen Audi gesehen und zack – Jagdfieber!"

Sven wusste, dass bei einer Verfolgung oft Details zum Flüchtigen wichtig werden konnten. Die Anzahl der sichtbaren Insassen, deren Verhalten im Fahrzeug oder leicht erkennbare Besonderheiten des Fahrzeugs selbst konnten eine entscheidende Rolle im weiteren Verlauf spielen. Solche Details hatte Sven immer laut ausgesprochen – damit er sie sich in sein Bewusstsein hob und damit seine Streifenbegleiter ebenfalls von ihnen bewusste Kenntnis erhielten. Natürlich sollte dies auch über Funk gemeldet werden.

Blutprobe durch technischen Defekt

Es war kurz nach drei Uhr morgens, und Sven war zusammen mit seinen Kollegen Rudi und Siggi als Alkoholsonderstreife auf der

Oberhausener Straße im Einsatz. Ihre nächtliche Routine war oft eintönig, doch die strategische Position zwischen der Autobahn A40 und dem überregional bekannten Oberhausener Bordell sorgte meist für interessante Begegnungen. Die Straße war um diese Uhrzeit noch belebt genug, um die Polizisten auf Alkohol- oder Betäubungsmitteldelikte stoßen zu lassen.

Bei frostigen 0 °C standen die drei Polizisten neben ihrem Streifenwagen, wärmten sich mit Kaffee aus einer Thermoskanne und hielten aufmerksam Ausschau nach verdächtigen Fahrzeugen. „Hier werden wir schon fündig", sagte Siggi gelassen, während er die vorbeifahrenden Autos beobachtete. Doch bis auf ein paar Lastwagen und ein paar Taxen tat sich wenig und diese kontrollierten sie eher selten.

Plötzlich tauchte in der Ferne ein Kleinwagen auf. Er fuhr durch die Rechtskurve und direkt auf die Kontrollstelle zu. Doch der Fahrer schien sie früh zu bemerken, und entschied sich spontan zur Flucht: Der Wagen wendete abrupt und beschleunigte leicht. „Na, der hat was zu verbergen", sagte Rudi sofort, als sie alle in den Einsatzwagen sprangen, Sven den Zündschlüssel umdrehte und den Motor startete.

Die Reifen quietschten, als der Streifenwagen losstürmte. Alle waren froh, wieder im warmen, windstillen Auto sein zu können. Siggi, der auf dem Beifahrersitz saß und versuchte, sich anzuschnallen, griff gleichzeitig zum Funkgerät, um die Verfolgung zu melden. „Fahrzeug wendet vor Kontrollstelle, flüchtet Richtung A40. Kennzeichen unbekannt."

„Sven, was war das für ein Fahrzeugtyp?" fragte Rudi von der Rückbank. Sven schüttelte den Kopf, die Augen auf die Straße gerichtet: „Keine Ahnung. Mehr haben wir nicht. Kleines Auto halt, wenig PS, linkes Schlusslicht defekt. Aber um die Zeit auf der Oberhausener Straße wird es schon nicht viele Autos geben."

Der Streifenwagen nahm Fahrt auf, doch der Flüchtige hatte bereits einen Vorsprung. Als Sven die Linkskurve nahm, sahen sie das Auto gerade noch auf die Autobahnauffahrt einbiegen. „Mist!", murmelte Sven. Auf der Autobahn war deutlich mehr Verkehr, und die Identifizierung des flüchtenden Fahrzeugs wurde plötzlich zur Herausforderung.

Nach Svens Bauchgefühl oder seiner Weg-Zeit-Berechnung kamen nur die nächsten acht Pkw in Frage. Sven begann, sie mit Blaulicht einem nach dem anderen zu überholen.

Jedes Fahrzeug wurde einzeln inspiziert, während Siggi aus dem Fenster spähte. Vielleicht würde der Fahrer auffällig reagieren, wenn man ihn nur intensiv genug anschaute. „Nicht der. Nicht der. Nein, auch nicht", murmelte er. Sven fühlte die Anspannung im Wagen wachsen. Er fühlte sich gegenüber Siggi und Rudi unwohl, dass er zuvor den Fahrzeugtyp nicht erkannt hatte und jetzt nicht benennen konnte.

Plötzlich griff Siggi entschlossen nach dem rot leuchtenden Anhaltestab und winkte zu Svens Verwunderung den neben ihnen fahrenden roten VW Golf raus. „Woher?", wollte Sven wissen. „Defektes linkes Schlusslicht", sagte Siggi auf den Flüchtigen zeigend.

Der Fahrer des Golfs schloss kurz die Augen und sein Kopf sackte für einen Sekundenbruchteil nach vorne, seine Gestik zeigte, dass er aufgegeben hatte. Er hielt auf dem Standstreifen an, und Sven brachte den Streifenwagen direkt dahinter zum Stillstand. Der Golf-Fahrer, Mitte dreißig, roch deutlich nach Alkohol, seine Bewegungen waren fahrig. „Haben Sie etwas getrunken?", fragte Sven direkt. Der Fahrer zögerte kurz, bevor er ein knappes „Nur zwei Bier" hervorbrachte. Ein Atemalkoholtest bestätigte, was zu erwarten war: 1,2 Promille – weit über dem erlaubten Grenzwert. Während Rudi den Fahrer belehrte und die Personalien aufnahm, stellte sich ein weiteres Problem heraus. „Sie dürfen nicht mehr fahren", erklärte Sven, „aber wie kommt ihr Fahrzeug von der Autobahn?"

Die Beifahrerin des VW Golf, eine hochschwangere Frau, meldete sich wütend zu Wort. „Vergessen Sie es. Ich setz' mich nicht für den hinters Steuer. Nicht nach dieser Scheiss-Aktion!" Ihre Stimme bebte vor Zorn, und ihre Hände ruhten schützend auf ihrem Bauch. „So eine Aktion mit meinem Baby! Soll er gucken, wie er die Karre hier wegkriegt."

Sven nickte verstehend. Die Frau schien nüchtern zu sein, aber die Umstände ließen keine Diskussion zu. Mit Einverständnis des Golf-Fahrers fuhr Rudi den Wagen von der Autobahn herunter.

**Details zum flüchtigen Fahrzeug
laut benennen.**

„Was wissen wir alles von dem flüchtigen Fahrzeug?", fragte Sven Fabian, dem die Frage angesichts seiner durchgeschwitzten Kleidung und der heißen Phase des Einsatzes unwichtig erschien, aber er vertraute auf Svens Erfahrung und so überlegte er kurz und antwortete dann: „Pkw Audi in schwarz, Kennzeichen ist bekannt, aber keine Aufkleber oder so." „Und was noch?", wollte Sven wissen. „Oh", fiel Fabian auf. „Ja, der Wagen muss diverse frische Unfallschäden haben, quasi rundherum."

Mit dieser Antwort war Sven zufrieden. Dieses Vorausdenken, um den flüchtigen Wagen neben dem amtlichen Kennzeichen an weiteren Merkmalen identifizieren zu können, war oft entscheidend für den Verlauf vieler Einsätze. Hierzu gehörten auch Elemente, die den schnellen Ausschluss ermöglichten, das betraf Fahrzeug- wie auch Personenfahndungen.

Sven liebte es, bei jungen Kollegen Problembewusstsein und die Suche nach Lösungsansätzen anzuregen. Gerade in einem Beruf mit Hochstressphasen und häufigen Einsätzen, die durch Informationsmangel, Zeitdruck und zugleich einer Vielzahl an Pflichten geprägt waren, war es wichtig, nicht in irgendeinen Trott zu verfallen und sich einschleichenden Automatismen bewusst zu werden, um überhaupt eine Chance zu haben, sie korrigieren zu können.

19:59 Uhr
Verfolgung im Grenzbereich

An immer mehr Stellen sah man nun Blaulicht. Der Polizeihubschrauber hatte sich angemeldet und selbst die sonst so ruhigen Piloten hatten diese Mischung aus Eile und Erfolgsdruck in ihrer Stimme. Sie mussten liefern, Standortinformationen des Amokfahrers und das sofort. Sie würden alles geben, so schnell wie möglich im Einsatzraum zu erscheinen, um den Kräften auf der Straße das allsehende Auge zu sein.

Und auf einmal war er da – der elektrisierende Moment. Die Straßenlaternen warfen flackernde Schatten auf die verlassene Einmündung, als plötzlich ein nachtschwarzer Audi mit aufheulendem Motor vor Svens Einsatzwagen, der gerade aus einer Nebenstraße herausfahren wollte, querte.

Es war nur ein Wimpernschlag, doch Sven nahm jedes Detail wahr: die hektischen Bewegungen der blonden Fahrerin, die panische Hektik in ihrem Gesicht, das abrupte Schleudern des Hecks und die unkontrollierte Bewegung des Fahrzeugs auf der glatten Straße. Sie war etwa Anfang 40, mit einem nervösen Blick, der von Verzweiflung oder Panik sprach. In Sekundenbruchteilen erfasste Sven die gesamte Szene – ihre fahrige Hand am Lenkrad, den halbgeöffneten Mund, als wolle sie schreien, und die leichten Schwankungen des Autos, die auf Überforderung und Fahrfehler hinwiesen.

„Da ist er!" schrie Fabian, während er sich nach vorne in den Sicherheitsgurt warf, und sich das Funkgerät ans Gesicht drückte. „12/45 hat Sichtkontakt Hauptstraße Höhe Dunckerweg Richtung Dings – äh Schwalbtal!" Seine Stimme war laut, beinahe überschlagend, aber Sven war bereits voll fokussiert.

Dass es eine Fahrerin war, hatte Fabian unterschlagen und Sven war zu beschäftigt, um ihm dies mitzuteilen. Er drückte das Gaspedal schlagartig bis zum Anschlag durch, und der Motor heulte wie ein Raubtier, das seine Beute witterte. Der Einsatzwagen schoss vorwärts und bog dabei links auf die Hauptstraße ein. In Sven breitete sich ein warmes Gefühl aus. Er wusste, dass in seinem Kopf nun viele Automatismen seine Handlungen bestimmen würden, aber Sven vertraute seinen antrainierten Fahrfähigkeiten im Grenzbereich. Die Aufgabe seines Bewusstseins war, sich selbst zu überprüfen und an seinen selbstgesteckten Zielen während der unmittelbaren Verfolgung festzuhalten. Adrenalin pumpte, aber seine Gedanken blieben klar:

Position halten, beim Anderen Druck aufbauen, bei sich selbst Puls unter 90 halten.

Einsatzwagen am Limit

Die erste Kurve kam näher, der Audi hatte keine 200 Meter Vorsprung. Sven ließ das Gaspedal los, nur um im perfekten Moment auf die Bremse zu steigen. Die Reifen quietschten, als das Fahrzeug tief in die Kurve eintauchte. Er wusste, dass es auf jedes Quäntchen Druck ankam: Durch die Bremsung erhöhte er das Gewicht auf der Vorderachse und damit auch den wichtigen Reibungskoeffizienten der Reifen auf der Fahrbahn. Dadurch konnte der Wagen Svens Lenkbewegungen bei höheren Geschwindigkeiten folgen, ohne auszubrechen. Svens Griff am Lenkrad war fest, aber nicht verkrampft, seine Hände arbeiteten wie die eines Dirigenten.

„Sie hat Probleme!" rief Fabian, während der Audi vor ihnen leicht ins Schlingern geriet.

Sven antwortete nicht. Sein Fokus war messerscharf, sein Atem tief und kontrolliert, sein Blick auf die halbnasse Fahrbahn am Kurvenausgang gerichtet. Der Einsatzwagen erreichte das Ende der Kurve, und Sven beschleunigte sofort wieder. Das

Gleichgewicht zwischen Gas, Bremse und Traktion war ein Tanz auf Messers Schneide, aber einer, den er nach Jahren des Trainings beherrschte.

Die Lücke schließt sich

Der Abstand wurde kürzer. Der Audi versuchte verzweifelt, durch aggressives Lenken und plötzliche Spurwechsel zu entkommen, doch Svens Fahrzeug klebte an ihm wie ein Schatten. Der Audi war stärker motorisiert als der Einsatzwagen und hatte eine bessere Straßenlage, allerdings war es nicht die Motorleistung, die den Unterschied machte – es war Svens Ruhe, gepaart mit seiner Erfahrung.

„Das ist Wahnsinn, Sven! Der packt das nicht mehr lange!" rief Fabian, während er den Wagen nicht aus den Augen ließ.

Eine zweite Kurve. Wieder das gleiche Spiel: Sven ließ das Gewicht des Fahrzeugs perfekt arbeiten, bremste kurz an, setzte damit die Vorderreifen unter Druck und zog mit höchster Präzision hindurch. Der Audi jedoch rutschte, verlor Geschwindigkeit, während Sven aus der Kurve heraus beschleunigte und weitere Meter gutmachte.

Der Druck zeigt Wirkung

Die Fahrerin des Audis war offensichtlich überfordert und blickte immer wieder in den Rückspiegel. In ihren Augen spiegelte sich das pulsierende Blaulicht. Sven sah ihre Panik an der Unruhe des

Fahrzeugs: unregelmäßiges Bremsen, scharfes Gegenlenken. In diesem Moment erschien der Helikopter am Horizont, dessen Positionslichter ihn ankündigten.

„Noch eine Kurve, und wir haben ihn!" rief Fabian euphorisch ins Funkgerät.

Sven kommentierte dies nicht, seine Augen waren unverrückt auf die Straße gerichtet. Der Audi vor ihnen kämpfte, während Svens Einsatzwagen ruhig, aber unaufhaltsam näherkam.

Auf einem geraden Straßenstück konnte sich der Audi aufgrund der höheren Motorisierung ein wenig vom Verfolger absetzen, aber nach einer engen Rechtskurve, in der die Frau jeglichen Vorsprung verlor, lenkte die Fahrerin nun in die langgezogene Linkskurve ein und gab kräftig Gas. Offensichtlich war sie entschlossen, die Polizei hier abzuhängen. Sven jedoch hatte schon vor einigen Sekunden bemerkt, dass sie das Tempo schlecht gewählt hatte — der Audi schoss zu schnell in den Kurveneingang. Leichter Regen trommelte auf die Frontscheibe des Streifenwagens, und der schimmernde Asphalt zeigte einen leichten, unberechenbaren Wasserfilm.

„Sag es ihr", befahl Sven. Fabian reagierte, seine Hand schloss sich um das Bedienteil des Funkgeräts und er schaltete auf Außenlautsprecher. Erfreulicherweise, so fand Sven, sprach Fabian nur so viel wie nötig, angemessen, klar und deutlich: „POLIZEI! Halten Sie - sofort - den Wagen an! Ich wiederhole. Polizei! Halten Sie sofort den Wagen an!" Der Audi zeigte keine Reaktion und wand sich wie eine Antilope auf der Flucht vor einem Geparden.

Über Funk nahm Sven wahr, dass der höhere Dienst infolge Fabians Standortmeldung auch die Nebenstraßen des Ortsausgangs sperren wollte und sich dabei herausstellte, dass nicht einmal die Hauptstraße gesichert war – ein Missverständnis in der Kommunikation zuvor. Das kam leider vor.

Sven überlegte. Der Ortsausgang war nicht fern, links von ihnen befand sich das Wohngebiet und rechts war das derzeit unbestellte Feld, eine riesige brache Fläche voller weicher Erde, in der sich jeder normale Pkw festfahren würde. Hinter dem Ortsausgang befand sich das Städtchen Bornheim. Viele Zivilisten, keine Straßensperren, noch keine Polizei. Dieses Feld war die Gelegenheit, die Amokfahrerin unschädlich zu machen. Sven spürte, wie sich sein Puls merklich beschleunigte, als er die Entscheidung traf, sich dem Tatfahrzeug so sehr zu nähern, dass die Frau entweder in Folge des aufgebauten Drucks von allein auf dem Feld landete oder er ihre Hinterachse von links nach rechts wegrammen und sie so auf das Feld zwingen würde.

Fabian neben ihm war jetzt sehr angespannt, die Hände auf den Armlehnen verkrampft. Er wusste, was Sven vorhatte und Sven unterstrich diesen Eindruck, als er zusätzlich sein Fernlicht einschaltete und noch näher an den Audi heranfuhr.

„Sie hat keine Chance, die Kurve zu schaffen!" rief Fabian; aber Sven antwortete nicht. Sein Blick klebte an den Rückleuchten des Audis, die wild flackerten, als die Fahrerin panisch bremste. Die Untersteuerung des Fahrzeugs war nun unvermeidlich, ein Anfängerfehler, den sie nicht zu korrigieren vermochte. Der Audi driftete über die Begrenzungslinie, das rechte Vorderrad verließ als

Erstes den Asphalt und grub sich in die weiche Erde des angren-
zenden Feldes. Eine Fontäne aus Matsch und Gras schoss in die
Luft, als der Wagen über den Rand der Fahrbahn schrammte und
die Fahrerin gegen das drohende Festfahren Vollgas gab.

„Jetzt kriegen wir sie!", murmelte Fabian, aber Sven hob eine
Hand. „Noch nicht. Bleib ruhig."

Die Reifen des Audis fanden keinen Halt mehr und drehten sich
sinnlos im Schlamm. Er saß fest.

Sven spürte, wie sich eine neue Spannung im Streifenwagen aufbaute. „Jetzt! Raus!", rief Sven und hörte über sich den Hubschrauber kreisen, dessen Scheinwerferkegel sich endlich näherte.

Während Sven sich vom Sicherheitsgurt befreite, stiegen in ihm wichtige Bilder eines sehr, sehr alten Einsatzes auf, der über Svens Handeln in den nächsten Sekunden entscheiden würde…

„Polizei! Oder ich schieße!"

Eines der letzten Rollenspiele der Polizeiausbildung. Die Noten standen bereits fest, also was sollte das Ganze? Die Lehrer hatten angekündigt, dass dies ein für das Berufsleben der künftigen Polizeimeisterinnen und Polizeimeister unerlässliches Rollenspiel werden würde. Sven und Maike waren als Team eingeteilt und sie hatten einen Streifenwagen. Es war ein windiger und viel zu sonniger Montagvormittag auf dem umzäunten Ausbildungsgelände, als beide die Marktstraße entlangfuhren, auf der Suche nach einem flüchtigen Bankräuber, der bei Tatbegehung mit einer Pistole auf eine Person geschossen haben soll – soweit die Rollenspielvorgabe. Sven saß am Steuer, Maike war am Funkgerät. Sven war insgeheim froh, dass er sich nicht auch noch um das Funken kümmern musste – die Verantwortung, den Wagen ruhig zu steuern und gleichzeitig die Situation im Auge zu behalten, war schon Herausforderung genug.

„Da ist er", sagte Maike plötzlich, ihre Stimme angespannt, aber konzentriert. Vor ihnen fuhr ein Wagen, der der Täterbeschreibung entsprach: Ein älterer Mann, Mitte 50, genau wie gemeldet. Sven nickte, ohne den Blick von der Straße zu nehmen. Maike sprach ins Funkgerät: „13/01 von 13/45, flüchtiges Fahrzeug befährt die Marktstraße, Höhe Sporthalle." Die Funkdurchsage war erledigt. Jetzt lag der Fokus auf der Verfolgung.

Sven schaltete das Blaulicht ein, doch den Schalter für das Martinshorn fand er in der Eile nicht sofort. Eine Schweißperle lief ihm über die Stirn, bevor er endlich den richtigen Griff fand und das Martinshorn aufheulte. Meike sagte nichts, doch er spürte, dass sie ebenfalls angespannt war.

Plötzlich zog der Fahrer des flüchtigen Wagens scharf nach rechts, fuhr auf einen staubigen Seitenstreifen und hielt abrupt an. Eine dichte Staubwolke wirbelte auf, während Sven ebenfalls bremste und den Streifenwagen etwa zehn Meter hinter dem Fahrzeug parkte. Für einen Moment überlegte er, ob er den Standort über Funk melden sollte – doch er entschied sich dagegen und überhaupt hätte Maike zu funken, nicht er und die Situation war bereits klar, und die Funkmeldung würde sie nur ablenken. Also verwarf er den Gedanken.

Der Staub hing noch in der Luft, als Sven und Meike gleichzeitig aus dem Wagen stiegen. Sie fühlten sich unsicher, beide bemerkten, wie sich die Nervosität wie eine Schlinge um ihre Brust legte. Reflexartig stellten sie sich zwischen ihre Fahrzeugtüren und dem Einsatzwagen, als ob diese ihnen Schutz bieten könnten. Es war ein falsches Gefühl von Sicherheit, denn sie wussten beide, dass Türen von Faustfeuerwaffen leicht durchschlagen werden konnten.

Der Verdächtige stieg aus seinem Auto und wandte sich den Polizisten zu, seine rechte Hand hinter seinem Rücken versteckt.

Sven spürte, wie sein Puls raste. Risikoeinschätzung – versteckte Hände bedeuteten Gefahr. „Polizei! Oder ich schieße!", stotterte der junge Sven, während er seine nicht schussabgabefähige Übungspistole in die Hand nahm und sich kopfschüttelnd korrigierte: „Polizei! Keine Bewegung oder ich schieße!", rief er. Seine Stimme klang noch immer unsicher, während er angestrengt versuchte, ruhig zu bleiben. Neben ihm griff Meike nach ihrer Waffe, doch auch sie zögerte. Beide Polizisten blieben hinter den Türen stehen, wie angewurzelt, ihre Nervosität war kaum zu verbergen.

Plötzlich blitzte es auf – der Mann zog eine Pistole und feuerte zweimal in ihre Richtung. Die Platzpatronen knallten laut durch den noch schwebenden Staub, und Sven spürte, wie seine Beine sich kurz verkrampften. Er hatte gezögert, genau wie Meike. Ihre Waffen waren gezogen, aber sie hatten zu lange gebraucht. Der Moment, in dem sie hätten handeln müssen, war bereits vorbei und wenn sie hier schwer verletzt liegen würden, würde man sie aufgrund der unterlassenen Standortmeldung auch erst später finden.

Aufgrund dieses Rollenspiels begann sich in Sven ein Bewusstsein dafür zu bilden, dass er oft mit Stresssituationen konfrontiert sein würde und dass er in diesen Situationen automatisch reagieren würde, quasi reflexartig. Er musste wichtige Situationen daher unbedingt vorher durchspielen, denn in der Lage selbst war keine Zeit und keine Konzentration für ein rationales Durchdenken der Handlungsoptionen.

In Stresssituationen reagieren wir automatisch.

Nicht sichtbare Hände bergen unbekannte Gefahren.

Diese spezielle Kombination aus Armhaltung und der angespannten Haltung des Oberkörpers, die eindeutig darauf hindeutete, dass ein Gegenstand hinter dem Rücken verborgen gehalten wurde, würde Sven für immer im Gedächtnis bleiben.

205

20:00 Uhr
Showdown

Die Tür auf der Fahrerseite des Audis wurde aufgestoßen, prallte jedoch sofort wieder gegen die Hand der Fahrerin zurück. Während Sven und Fabian dicht nebeneinander gingen, und sich auf dem Feld mit unebenem Boden mit festen Schritten zügig dem Fahrzeug näherten, stieg die Person aus. Die Szenerie war ob des ungleichmäßigen erdigen Untergrunds vom Scheinwerferlicht und Blaulicht des Einsatzwagens diffus beleuchtet. Die Frau hielt sich mit ihrer linken Hand oben an der Reling des Fahrzeugs fest. Lange, wallende, blonde Haare fielen über ein schwarzes Top. Ein stark geschminktes, rotes und verheultes und unter anderen Umständen hübsches Gesicht blickte die Polizisten an. „Scheiß Bullen, verpisst euch, ihr habt doch keine Ahnung!", schrie sie mit einer Mischung aus Überreizung und Verzweiflung, mit einem alkoholgetränkten Lallen in der Stimme. Sie stand neben dem Fahrzeug, fünf Meter von Sven und Fabian entfernt, ihre linke Hand noch immer oben auf der Reling des Fahrzeugs, die rechte Hand, teilweise von den Haaren verdeckt, stemmte sie entschlossen in ihre den Polizisten leicht abgewandten Hüfte. Bei Sven klingelten alle Alarmglocken. Er konnte nicht ausschließen, dass die Frau einen gefährlichen Gegenstand in der Hand verborgen hielt. Zu Fabians Überraschung, der einfach nur zur Frau gehen und sie fragen wollte, ob sie verletzt sei, blieb Sven ruckartig stehen und rief sehr laut, dominant und betont: „Polizei! Keine Bewegung oder ich schieße!" und hatte binnen eines Sekundenbruchteils seine Waffe aus dem Holster gezogen und war nun „on target", die Waffe mit beiden Händen wie in einem Schraubstock auf die Frau gerichtet.

Sven war maximal konzentriert und schussbereit. Er hatte keine Wahl, es gab auf dem offenen Feld für Fabian und Sven keine Deckung, allenfalls Sichtschutz hinter dem Audi selbst. Sven fokussierte die Frau und ihre rechte Hand messerscharf, wie ein Adler einen Hasen aus 100 Metern Entfernung. Sven atmete schnell, aber nicht zu schnell, nur so viel, wie sein Körper gerade brauchte.

Fabian fragte sich, ob Sven etwas Gefährliches gesehen hatte, das sein Verhalten erklärte. Dennoch folgte Fabian seinem Beispiel, zog zögerlich seine Pistole und richtete sie auf die Frau, während er dicht an Svens Seite blieb.

Sven fühlte sich stabil und sicher in dem, was er tat. Die Fahrt war anstrengend, aber er hatte sich geschont, konnte auf Automatismen zurückgreifen und seine Handlungsprinzipien hatten ihm sehr geholfen, nicht in übermäßigen Stress zu verfallen. Er war handlungsfähig – und er handelte:

Sven fixierte die Frau mit unnachgiebigem Blick, seine Waffe sicher in beiden Händen. Er spürte die 870 Gramm von Pistole und 15 Schuss Munition, er sah über die phosphoreszierenden 3 Punkte seiner Visierung. Sven wusste präzise, welche automatisierten Abläufe nun in seinem Gehirn möglich waren. Er wusste, wenn die Frau eine Bewegung beginnen würde, die darauf schließen ließe, dass sie einen gefährlichen Gegenstand auf Fabian und ihn richten würde, und würde in Svens Schädel der Temporallappen die Informationen des visuellen Kortex als tödliche Bedrohung interpretieren, was dann binnen 200 Millisekunden passieren würde – Sven würde mit maximaler Feuerrate antworten. Sven erwartete, dass er einen Schuss, der ausreichend Wirkung erzielte, binnen einer Sekunde erkennen könnte, dann hätte er jedoch bereits die ersten fünf Schuss abgefeuert, was auf diese Entfernung, bei diesen Lichtverhältnissen einer Trefferzahl von durchschnittlich 4 ½ entsprechen würde. Sven wusste, dass es bei einem Schusswaffengebrauch durch ihn möglicherweise zu einem affektiven Mitschießen durch Fabian kommen würde, er würde diesen daher sofort mit „Feuer einstellen" stoppen.

Sven wollte kein Blutbad. Er tat stets alles, um Schussabgaben auf allen Seiten zu verhindern. Daher waren seine Aura, seine Haltung und seine Stimme in Extremsituationen sehr massiv und sehr klar. Die Frau hätte schon Todessehnsucht haben müssen, jetzt eine Schusswaffe auf die Polizisten zu richten. Auch das gab es, „Suicide-by-cop", aber das war in diesem Verlauf unwahrscheinlich. Jedoch bliebe Sven dann keine Wahl, er konnte nicht Verletzung und Tod von Fabian oder sich selbst riskieren.

Also machte Sven unmissverständlich klar, dass die Frau keine Möglichkeit hatte, sich ihren Weg freizuschießen.

Doch die rechte Hand der Frau blieb weiterhin in einer Position, die bei Sven den von ihm selbst definierten Zustand „schwarzer Alarm" aufrechterhielt, der einen Zustand maximaler Wachsamkeit und tödlicher Handlungsbereitschaft bewirkte, zum Äußersten bereit, einen Zustand, der nur 1-2 Minuten aufrechtzuerhalten war. Sein Atem ging flach, während er die kleinste Bewegung ihrer Finger beobachtete, bereit, im Bruchteil einer Sekunde zu reagieren.

Plötzlich bemerkte Sven das dumpfe Dröhnen von Rotorblättern, das die angespannte Stille endgültig durchbrach. Der Polizeihubschrauber senkte sich über die Szene, sein Suchscheinwerfer erleuchtete das Geschehen mit einem grellen, gleißenden Licht. Das Licht war so intensiv, dass Sven instinktiv die Augen leicht zusammenkniff. Gleichzeitig spürte er den Druck der rotierenden Luft, der Staub, Laub und kleine Partikel vom Boden aufwirbelte und wie eine unsichtbare Welle gegen ihn stieß. Der Schal der Frau, ein dünnes, rotes Tuch, flatterte wild in der vom Rotor erzeugten Böe und zog dabei kurz seine Aufmerksamkeit auf sich.

Die Frau hielt einen Moment inne, ihr Blick flackerte zwischen Sven und dem blendenden Licht des Hubschraubers. Ihr blondes Haar wirbelte um ihr Gesicht, als ob die Windböen der Maschine sie umklammerten. Der Staub legte sich für Sekunden wie ein schwerer Schleier auf die Szene, bevor er von der Luft wieder fortgetragen wurde.

Sven zwang sich, seine Konzentration nicht zu verlieren, hielt seinen stabilen Stand, indem er ein winziges Stück tiefer ging, wobei er minimal die Knie beugte. Sven rief erneut, seine Stimme klang diesmal wie ein scharfes Messer durch den Lärm hindurch: „Gegenstände ablegen! Ich will ihre leeren Hände sehen!" Die Worte schienen fast von der Macht des dröhnenden Hubschraubers mitgetragen zu werden, verstärkt durch die Umgebung, die wie im Fokus eines unwirklichen Films erschien.

Die Frau zögerte. Für einen Augenblick schien es, als wolle sie ihre Hand weiterhin nicht zeigen. Doch in diesem Moment, als der Druck der Situation praktisch greifbar wurde, schien eine unsichtbare Entscheidung gefallen. Sie hob langsam ihre Arme, kraftlos, als hätte die Luft um sie herum jegliche Energie aus ihrem Körper gesaugt. Ihre Hände waren leer. Sven bemerkte, wie sein Herz für einen Moment unkontrolliert raste, bevor er seine Waffe allmählich sinken ließ.

„Bleiben Sie so stehen! Keine Bewegung!", rief er, während sich die aufgewühlte Luft weiter um sie legte, Blätter wie Geister um die beiden tanzend.

Sie hatte aufgegeben. Kraftlos hielt sie ihre Arme oben, während ihr Kopf sich nach vorn senkte und ihre Augen sich schlossen. Als hätte er noch einmal sicher gehen wollen, warf Sven erneut einen Blick auf die Hände der Frau, die eindeutig keine Gegenstände hielten. Der Aufforderung, sich umzudrehen, kam sie nach und gewährte Sven und Fabian einen Blick auf den Bund ihres Rocks, unter dem sich keine Gegenstände abzeichneten. Sie holsterten ihre Waffen und näherten sich der Frau.

Zwischenzeitlich hatte zwei weitere Einsatzwagen die Endposition des Audis mit quietschenden Reifen erreicht, zwei junge Polizistinnen und zwei Polizisten stapften eilig hinter ihnen über das Feld.

In dem Moment, als Sven und Fabian die Arme der Frau ergriffen, schien sie plötzlich zu neuem Leben erwacht. Sie schlug wild um sich, verzweifelt, aber entschlossen, jeden anzugreifen, der sich ihr zu sehr näherte. Der Gedanke, dass die beiden Polizistinnen möglicherweise besser Zugang zu ihr finden würden, erwies sich als Irrtum. Die jüngere Kollegin wurde von der Frau am Arm gebissen und in den Matsch gestoßen, sodass Sven und Fabian erneut eingreifen mussten, um sie unter Kontrolle zu bringen. Trotz ihres anhaltenden Widerstands drückte Sven die Frau schließlich auf die Knie. Kurz darauf klickten die Handschellen, die ihre Hände sicher auf dem Rücken fixierten.

Die andere Polizistin versuchte, die Frau am Top zu fassen, doch es riss bei einer ruckartigen Oberkörperdrehung der Frau vorne ein und sorgte für eine unerwünschte Entblößung.

Beim Abtransport zum nächsten Einsatzwagen hielt die nicht gebissene Kollegin das zerrissene Top der Frau notdürftig vor deren Brust. Die Frau schimpfte und fluchte unentwegt und zusammenhanglos. Die zuletzt hinzugekommenen Kollegen übernahmen die Frau, setzten sie in den Einsatzwagen, legten eine Decke über ihren Oberkörper und fuhren mit ihr in Richtung Wache. Die sechs anderen, darunter Sven und Fabian, hatten nun etwas Zeit für sich.

Auf der anderen Seite der Straße hatte ein Kiosk geöffnet und Sven besorgte Getränke. Die Cola, dieses Mal mit Zucker, wurde von allen dankend angenommen. Zucker, Flüssigkeit, stehen und entspannen, sich beruhigen, die Gänsehaut auf den Unterarmen langsam abklingen lassen, eine Dose in der Hand halten und sich austauschen. Das wurde jetzt gebraucht.

Später erfuhren Fabian und Sven, dass die Frau aus Hamburg stammte und ihre Beziehung hier im Ort retten wollte. Beim Besuch fand sie den Mann mit einer neuen Frau vor. Nach zu viel Wodka fuhr sie wie in Trance los, ohne Rücksicht auf Verluste – und eines führte zum anderen.

Sven ließ seine persönliche Statistik Revue passieren: Dies war sie also – seine sechshundertste Verfolgungsfahrt.

Sven stand zwischen den deutlich jüngeren Kolleginnen und Kollegen, nahm einen weiteren Schluck aus seiner Cola-Dose und konnte den Ereignissen zum Trotz ein wenig über die „600" lächeln. Er wusste, nur die 599 Verfolgungsfahrten der letzten 30 Jahre hatten ihm die Erfahrung und die Lektionen gegeben, die den Einsatz zu diesem Ende gebracht hatten. Diese Zahl, so rund und gewaltig sie klang, war für ihn nur ein Punkt auf einer Linie. Der nächste Einsatz würde kommen, das nächste Chaos würde ihn fordern. Aber er war bereit.

Nachwort
für Einsatzwagenfahrende

Da haben Sie es nun gelesen, ein Buch voller Geschichten und kein reines Sachbuch. Hat es Sie angesprochen? Haben Sie sich hineinversetzen können?

Ich persönlich fand alle Geschichten, von der mir jede noch gut im Gedächtnis geblieben ist, für mich sehr lehrreich. Gleichwohl braucht es nicht nur Lektionen, es braucht auch Zeit und zwar insbesondere Zeit auf der Straße, Fahrpraxis.

Fachliteratur und Einsatzfahrtrainings sind wichtig für physisch und rechtlich sichere Einsatzfahrten. Doch oft fehlt eine praktische Orientierung, die den realen Herausforderungen des Polizeidienstes gerecht wird. Dieses Buch orientiert sich an den tatsächlichen Anforderungen, mit denen Einsatzkräfte im operativen Dienst konfrontiert sind. Es bietet einen leicht zugänglichen Weg zu wertvollen und unverzichtbaren Lektionen – für alle Arten von Einsatzfahrten, insbesondere den extremen. Dabei verbindet es praxisnahes Wissen mit Spannung, um nicht nur zu informieren, sondern auch zu inspirieren.

Ich hoffe, dass diese Geschichten nicht nur unterhaltsam waren, sondern dazu beitragen, Herausforderungen sicherer, bewusster und erfolgreicher zu meistern – sowohl auf der Straße als auch im Leben.

Die Gesetze von Sonderwegerechtsfahrten und Hochgeschwindigkeitsverfolgungen

Allgemein: Die 12 zentralen Lektionen von Einsatzfahrten

1. Sicherheitsbewusstsein und Prioritäten setzen

Sicherheit steht immer an erster Stelle – das Wohl von Zivilisten, Kollegen und einem selbst hat höchste Priorität. Besonnenheit und die Fähigkeit, Risiken richtig einzuschätzen, sind entscheidend, um Gefahren zu minimieren und verantwortungsbewusst zu handeln.

Dabei ist es unerlässlich, Prioritäten bewusst zu setzen und sich diese klar vor Augen zu halten. Nur so kann in der Dynamik einer Verfolgungsfahrt die Reihenfolge der Entscheidungen optimal eingehalten werden. Die nachgeordneten Aspekte wie Verhältnismäßigkeit und Einsatzziel, Verkehrssituation, Fahrzeugbeherrschung, Kommunikation, Rechtskonformität, Abbruchkriterien sowie Dokumentation und Nachbereitung folgen in ihrer Wichtigkeit der obersten Priorität: der Sicherheit.

Durch dieses strukturierte Vorgehen wird sichergestellt, dass Entscheidungen nicht nur spontan oder aus dem Bauch heraus getroffen werden, sondern auf einer stabilen, klaren Grundlage beruhen. So bleibt der Fokus stets auf dem Schutz aller Beteiligten und der verhältnismäßigen Erfüllung des Einsatzziels – in genau dieser Reihenfolge.

2. Fahrtechnik und Fahrzeugbeherrschung

Vertrautheit mit dem Einsatzfahrzeug ist sehr hilfreich, um es in jeder Situation sicher kontrollieren zu können.

Regelmäßiges Fahrsicherheitstraining vermittelt die Grundlagen zu Bremswegen, Ausweichmanövern sowie Kurvenverhalten und hilft, das Grenzverhalten des Fahrzeugs unter unterschiedlichen Bedingungen zu verstehen und führt bei Wiederholungen zu Automatisierungen und Verfeinerungen bei Trainierenden.

Neben der Beherrschung des Fahrzeugs inklusive Sondersignalanlage, ist die Anpassung an äußere Bedingungen wie Regen, Schnee oder enge Straßen entscheidend. Genauso wichtig ist ein realistisches Selbstbewusstsein: Weder Selbstüberschätzung noch Unsicherheit dürfen die Fahrzeugführung beeinträchtigen.

Fahrtechnik ist mehr als technisches Können – sie erfordert Training, Erfahrung und Besonnenheit, um in Extremsituationen sicher handeln zu können.

3. Situationsbewusstsein

Situationsbewusstsein bedeutet, alle relevanten Faktoren einer Verfolgungsfahrt – wie Straßenverhältnisse, Fluchtgründe oder die Erfahrung des Beifahrers – so gut es geht zu erkennen, zu analysieren und bei Entscheidungen zu berücksichtigen. Straßenverhältnisse, einschließlich Wetter, Verkehr und Beschaffenheit der Strecke, erfordern stets eine angepasste Fahrweise. Gleichzeitig gibt das Verhalten des Täters und die möglichen Fluchtgründe entscheidende Hinweise auf die Risiken und die taktische Vorgehensweise.

Die Erfahrung der Beifahrer spielt ebenfalls eine wichtige Rolle: Ein erfahrener Kollege kann den Fahrer entlasten, während unerfahrene Beifahrer klare Anweisungen und Führung vom Fahrer benötigen. Zivilisten, die oft unvorhersehbar auf Einsatzfahrzeuge reagieren, stellen eine zusätzliche Herausforderung dar, die besondere Achtsamkeit erfordert.

Da sich Situationen in Verfolgungsfahrten schnell ändern können, ist eine dynamische Anpassung der Entscheidungen notwendig. Situationsbewusstsein ist keine angeborene Fähigkeit, sondern wird durch Übung und Reflexion geschärft. Es ist der Schlüssel, um Verfolgungsfahrten sicher und effektiv zu meistern.

4. Kommunikation im Team

Das gute Verhältnis im Team ist die Grundlage für eine effektive Zusammenarbeit. Es muss vor dem Einsatz aufgebaut, während des Einsatzes durch klare Kommunikation und gegenseitige Unterstützung gehalten und nach dem Einsatz durch Reflexion und mit gutem Willen wiederhergestellt werden. Nur so bleibt das Team stark und handlungsfähig – auch unter großem Druck.

5. Rechtliche Rahmenbedingungen

Ein fundiertes Verständnis der rechtlichen Rahmenbedingungen hält den Fahrenden bei Verfolgungsfahrten mental den Rücken frei und beugt einem Verhalten vor, dass zivil-, straf- und disziplinarrechtliche Folgen haben könnte.

Sonderrechte (§35 StVO) erlauben es Polizeidienstkräften, von einzelnen Verkehrsregeln abzuweichen, häufig bei zulässigen Höchstgeschwindigkeiten und roten Ampeln, während Wegerechte (§38 StVO) andere Verkehrsteilnehmer verpflichten, Einsatzfahrzeugen Platz zu machen. Diese Rechte sind jedoch kein Freibrief; jede Entscheidung muss sorgfältig abgewogen werden, um die Sicherheit und Verhältnismäßigkeit zu gewährleisten.

Auch während der Verfolgung gilt die StVO, und Abweichungen davon sind nur bei rechtlicher Vertretbarkeit zulässig. StGB und StPO regeln die Befugnisse, etwa bei Straßensperren oder dem Stoppen eines Fahrzeugs. Verstöße können sowohl die physische Sicherheit als auch den Erfolg der Strafverfolgung gefährden.

Die Abwägung zwischen Notwendigkeit, Sicherheit und Rechtskonformität muss jederzeit bewusst erfolgen, und eine ausführliche Dokumentation nach dem Einsatz stellt sicher, dass Entscheidungen nachvollziehbar bleiben. Regelmäßige Schulungen und gute Literatur, wie dieses Buch hier helfen, die rechtlichen Vorgaben in die Praxis umzusetzen.

6. Stress-Vorbereitung

Stress ist ein unvermeidbarer Bestandteil von Verfolgungsfahrten, aber durch gezielte Vorbereitung, Training und Reflexion wird er kontrollierbar. Regelmäßige Trainings und Simulationen stärken das Selbstvertrauen und erleichtern den Umgang mit hohen Geschwindigkeiten und komplexen Entscheidungen.

Individuelle Stressbewältigungsmethoden wie Atemtechniken und das bewusste Erkennen eigener Stresssignale helfen, impulsives

Handeln zu vermeiden und die Kontrolle zu bewahren. Auch die Teamdynamik spielt eine wichtige Rolle: Offene Kommunikation und gegenseitige Unterstützung reduzieren die Belastung für den Einzelnen. Nach jedem Einsatz ist eine gründliche Nachbesprechung wichtig, um aus Erfahrungen zu lernen und den emotionalen Druck zu verarbeiten.

Wer seinen Stress bewusst steuert und vorbereitet in den Einsatz geht, bleibt auch in Extremsituationen handlungsfähig und trifft überlegte Entscheidungen.

7. Nachbereitung

Mithilfe der Nachbereitung kann man aus jeder Verfolgungsfahrt lernen und die Einsatzfähigkeit des Teams erhalten. Sie umfasst die Reflexion des eigenen Handelns und die Analyse des gesamten Einsatzes, um Stärken und Schwächen zu identifizieren. Fehler und Unsicherheiten können so erkannt und zukünftig berücksichtigt werden. Gleichzeitig ist es wichtig, das Teamgefühl nach belastenden Situationen wiederherzustellen. Die Nachbesprechung bietet Raum, Spannungen oder Missverständnisse anzusprechen und das Vertrauen im Team zu stärken, damit alle Beteiligten sich gehört und geschätzt fühlen.

Darüber hinaus hilft die Nachbereitung bei der emotionalen Verarbeitung des Einsatzes, indem sie Platz für den Austausch nach belastenden Momenten schafft.

8. Risikoeinschätzung

Risikoeinschätzung ist ein fortlaufender Prozess, bei dem die Sicherheit aller Beteiligten stets im Mittelpunkt steht. Die entscheidenden Faktoren für das eigene Fahrverhalten wie Verkehr, Wetter und das Verhalten des Täters müssen kontinuierlich neu bewertet werden, um zu entscheiden, ob die Verfolgung fortgesetzt oder abgebrochen werden sollte.

Emotionen wie Stress oder Wut können die Einschätzung beeinträchtigen, was man in seine Bewertungen miteinbeziehen muss.

Bei entsprechender Risikoeinschätzung ist der Abbruch einer Verfolgungsfahrt angezeigt. Ein Abbruch ist keine Schwäche, sondern ein Zeichen von Professionalität, wenn die Risiken die Ziele der Verfolgung überwiegen. Diese Abwägung ist der Schlüssel, um Verfolgungsfahrten sicher und angemessen durchzuführen.

9. Emotionskontrolle und Atmung

Effektive Emotionskontrolle und bewusste Atmung sind unverzichtbare Werkzeuge, um in stressreichen und kritischen Situationen rationale Entscheidungen zu treffen. Die Fähigkeit, Emotionen wie Wut, Angst oder Frustration zu regulieren, indem man sich seine eigenen Prinzipien und Ziele wieder vor Augen führt, ermöglicht es, klar zu denken und impulsive Reaktionen zu vermeiden. Atmung spielt dabei eine Schlüsselrolle: Durch gezieltes Ein- und Ausatmen kann der Puls gesenkt, der Stresspegel reduziert und der Fokus auf das Wesentliche gelenkt werden.

In brenzligen Momenten, sei es bei gefährlichen Fahrmanövern, hitzigen Auseinandersetzungen oder intensiven Einsätzen, schafft die Kontrolle der Atmung eine innere Stabilität, die nicht nur für die eigene Sicherheit wichtig ist, sondern auch dazu beiträgt, das Team zu beruhigen und die Dynamik einer Situation positiv zu beeinflussen. Sie bildet die Grundlage für überlegte Handlungen und fördert die Fähigkeit, inmitten von Chaos Ruhe auszustrahlen.

Mit zunehmender Übung wird die bewusste Atmung zu einem automatisierten Mechanismus, der auch in hochgradig stressigen Situationen abrufbar ist. Atmungskontrolle stärkt nicht nur die Entscheidungsfähigkeit, sondern bewahrt auch die Handlungsfähigkeit und damit das Vertrauen aller Beteiligten. Die Verbindung von Emotions- und Atemkontrolle ist somit ein essenzieller Bestandteil professionellen Handelns unter Druck.

10. Sensation-Seeking-Wert (SSW)

Hinter einem hohen Sensation-Seeking-Wert (SSW) steckt das Bedürfnis nach intensiven Erlebnissen, emotionaler Stimulation und der Bestätigung durch außergewöhnliche Herausforderungen.

Ein hoher SSW zeichnet sich daher fast immer durch gesteigerte Risikobereitschaft sowie einem starken Verlangen nach intensiven Erlebnissen aus. Dies äußert sich oft in überhasteten Entscheidungen, einer fehlerhaften Prioritätensetzung, mangelnder Selbstkontrolle und der Tendenz, Abbruchkriterien zu ignorieren, selbst wenn die Situation dies erfordert und einen förmlich anschreit. Solches Verhalten führt nicht nur zu einer Intensivierung von Stress und Emotionen, sondern kann auch das Team und die Außenwirkung negativ beeinflussen, da es die Glaubwürdigkeit und Autorität schwächt.

Mit wachsender Erfahrung nimmt der Drang nach Sensation und Abenteuer in der Regel ab – teils aufgrund einer allgemeinen persönlichen Reife, teils, weil man viele der aufregenden Erlebnisse bereits in ähnlicher Form erfahren hat und deren Reiz an Intensität verliert.

Die Erkenntnis, dass es bei Einsätzen um dem Schutz der Beteiligten und um Problemlösung geht und nicht um persönliche Bestätigung agierender Polizisten, hilft dabei, Risiken realistisch einzuschätzen und besonnen zu handeln. Ein niedriger SSW ermöglicht es, auch in stressigen Situationen Ruhe zu bewahren, souveräne Entscheidungen zu treffen und die Sicherheit aller Beteiligten in den Vordergrund zu stellen. Disziplin und Verantwortung ersetzen zunehmend den Nervenkitzel, und die nachhaltige Sicherung der Situation wird zur obersten Priorität.

11. Verhaltenskontrolle

Verhaltenskontrolle bezeichnet die Fähigkeit, spontane Impulse, Emotionen und unüberlegte Reaktionen bewusst zu regulieren, um durchdachte Entscheidungen treffen und situationsgerechtes Handeln gewährleisten zu können. Sie umfasst sowohl die Selbstbeherrschung in herausfordernden Momenten als auch die gezielte Steuerung von Handlungen mit Blick auf deren mittel- und langfristigen Konsequenzen.

Diese Fähigkeit unterstützt dabei, impulsives Verhalten zu vermeiden und die eigenen Entscheidungen auf Grundlage sachlicher Abwägungen zu treffen. Darüber hinaus trägt sie dazu bei, Risiken objektiv zu beurteilen, klare Handlungswege zu verfolgen und auf andere deeskalierend zu wirken. Verhaltenskontrolle stärkt sowohl die Zusammenarbeit innerhalb eines Teams als auch das Vertrauen und die Professionalität in der Außenwahrnehmung.

Um eine Verhaltenskontrolle zu entwickeln und zu fördern, sind Selbstreflexion und gezieltes Training von großer Bedeutung. Techniken wie bewusste Atmung, Routinen zur Stressbewältigung und die Entwicklung von Strategien im Umgang mit persönlichen Auslösern sind wirksame Ansätze, die in Aus- und Fortbildung noch immer kaum vorkommen. Mit zunehmender Übung wird Verhaltenskontrolle zu einer verlässlichen Kompetenz, die auch in anspruchsvollen Situationen abrufbar ist und die Qualität des Handelns nachhaltig verbessert.

12. Erhalt von Autorität

Oder: „Sie hatten Recht – ich lag falsch."

Hat die Polizeidienstkraft einen Fehler gemacht oder erhält sie neue Informationen, die zu neuen Schlüssen führen und erkennt dies, so muss sie oftmals eine Hürde überwinden, um dies einzugestehen und zuvor angekündigte polizeiliche Maßnahmen zurückzunehmen.

Das Bedürfnis, die eigene Autorität zu bewahren oder zu verteidigen, tritt meist gegenüber der Öffentlichkeit, also gegenüber den Bürgern auf. Das Problem zeigt sich aber auch gegenüber Kollegen, Vorgesetzten und Untergebenen.

Die Ursache für den unangemessenen Erhalt von Autorität liegt oft in der irrigen Annahme, dass das Eingestehen eines Fehlers als Schwäche wahrgenommen werden könnte und dass dies wiederum gegenüber Bürgern zu einem Verlust an Durchsetzungsfähigkeit und letztlich zu einem Kontrollverlust im Hinblick auf das Einsatzziel führen könnte.

Diese Vorgehensweise sollte durch überlegte Handlungsalternativen ersetzt werden.

Mit wachsender Erfahrung verschiebt sich der Fokus vom bloßen Durchsetzen von Autorität hin zu einer Haltung, die von der Bereitschaft geprägt ist, Fehler einzugestehen und die Menschenwürde sowie den Einsatzerfolg in den Vordergrund zu stellen.

Diese Reife zeigt sich sowohl während der Einsatzfahrt als auch im allgemeinen Umgang mit Bürgern, indem ein respektvoller und lösungsorientierter Ansatz gewählt wird und das eigene Verhalten dynamisch, also immer wieder, überprüft wird. Statt die eigene Position durch Zwang oder Konfrontation zu behaupten, steht die Wirkung auf das Umfeld und das Ziel des Einsatzes im Mittelpunkt. Dieser Perspektivwechsel fördert nicht nur die Effektivität der Einsätze, sondern stärkt auch das Vertrauen und den Respekt aller Beteiligten.

Konkret: Die 25 Lektionen in der Geschichte

1. Den Puls unter 90 halten. Entspannte Wachsamkeit erzielt die besten Ergebnisse.

2. Einen Beifahrer zu haben bedeutet potenziell zwei weitere Augen und Ohren für den Fahrer.

3. Entspannte Wachsamkeit erzielt die besten Ergebnisse.

4. Verhältnismäßigkeit ist der universelle Ratgeber.

5. Der Fluchtgrund steht oft nicht in Relation zu den Fluchtgefahren.

6. Fahre mit einer Sicherheitsreserve.

7. Das gefährliche Aufschaukeln eines Autos wird durch kurze Gegenlenkbewegungen neutralisiert.

8. Kenne die Voraussetzungen und Wirkungen von Sonder- und Wegerechten.

9. Vor Bussen und Bahnen queren Ausgestiegene die Fahrbahn.

10. Abwehrhaltung proaktiv vermeiden.

11. Bürger reagieren auf SWR vielfältig.

12. Der Fahrer muss dem Beifahrer deutlich mitteilen, wie er ihn unterstützen soll.

13. Das gute Verhältnis im Team muss vor dem Einsatz geschaffen, im Einsatz gehalten und nach dem Einsatz wiederhergestellt werden.

14. Müdigkeit reduziert unerkannt die Leistungsfähigkeit.

15. Für Dein Sensation-Seeking: Geh Bungee-Jumpen. Sicherheit und Einsatzerfolg gehen vor.

16. Achte auf Deinen Energiehaushalt. Nimm Erschöpfung ernst.

17. Deine Gefahrenwarner sind sowohl Dein Verstand als auch Dein Bauchgefühl.

18. Der reflektierte Handlungsmodus braucht die Reiz-Reaktions-Pause.

19. NICHT AUF REIFEN SCHIESSEN!

20. Autoritätserhalt wider besseren Wissens tötet.

21. Fahre dynamisch witterungsangepasst.

22. Verhängnisvoll sind nicht die Fehler, die wir einmal machen, sondern die, die wir immer wiederholen.

23. Ändere nie abrupt die Abbiegerichtung.

24. Benenne die Details zum flüchtigen Fahrzeug laut.

25. In Stresssituationen reagieren wir automatisch.

26. Nicht sichtbare Hände bergen unbekannte Gefahren.

Du kannst das

Sind das viele Lektionen? Ja.

Ist es kompliziert, Sonderwegerechtsfahrten gut zu meistern? Auf jeden Fall. Hast Du Sorge, dem nicht immer gewachsen zu sein? Möglicherweise.

Aber: Du fährst doch bereits Einsatzfahrzeuge im Straßenverkehr. Das ging bisher auch und es kann nur darum gehen, nach und nach Verbesserungen zu erreichen, die Du von Dir und die mit zunehmender Erfahrung auch andere von Dir erwarten.

Willst Du gar extreme Einsatzfahrten so gestalten, dass die Einsatzorte sicher, zügig, mit Interaktion mit den Beifahrenden und so erreicht werden, dass man klar und gestärkt aussteigt, dann kannst Du Dir die Lektionen in diesem Buch zu Herzen nehmen. Mir hat jede einzelne davon geholfen.

Hilfreich ist es, von einer falschen Fehlerkultur Abstand zu nehmen. Natürlich gibt es Fehler, die katastrophale Folgen haben und irreparablen Schaden anrichten können. Glücklicherweise – oder vielleicht durch die Umstände – ist es mir in 25 Jahren Einsatzfahrten nie passiert, dass jemand erheblich verletzt oder gar getötet wurde. Doch abgesehen von solchen Extremen sind Fehler nichts grundsätzlich Schlechtes, solange man sie als Chance begreift, aus ihnen zu lernen und sich zu verbessern.

Wer erst einmal vom Spirit des Einsatzwagenfahrens erfasst wurde und Dinge verändern möchte, der ist nicht aufzuhalten. Es gibt jede Menge vorzubereiten, jede Menge auf allen Einsatzfahrten zu erleben und unglaublich viel nachzubereiten.